JN205132

Strategic Industrial Marketing Management

戦略的産業財マーケティング

B2B 営業成功の7つのステップ

笠原英一 Eiichi Kasahara

東洋経済新報社

まえがき

　国内市場成熟化の影響もあり、産業財（B2B）企業の間で営業活動の力点を海外市場へ移す動きがみられる。海外市場向け事業の提供物としては、ハードとサービスを組み合わせたものが多く、ターゲット市場についても欧米にとどまらず、新興市場も含めて範囲が拡大している。

　シンプルに表現すると古典的な海外事業モデルは、コスト・パフォーマンスの高い製品を、主として米国や欧州を中心とする先進国市場に販売するというものであった。筆者は、以前、海底ケーブルを米国に輸出する事業を担当したことがあったが、これなどは古いモデルの典型である。

　これに対して、最近の産業財企業の海外展開としては、東南アジア市場向けに車両のみならず、鉄道ビジネスを丸ごと展開するような事例が多くなっている。水ビジネスもしかり。フィルターだけを輸出するのではなく、水の生産から販売、サービスまでも含めて経営全体を考えるような形である。いわゆるハードウェアとソフトウェア、そしてオペレーションを統合してトータル・ソリューションを提供するビジネスである。

　対象となる顧客は、必ずしも技術や運用に精通しているとは限らない。むしろ知識や経験の少ないユーザーであるケースが多く、顧客企業の業務（jobs to be done）やその背景にある戦略を考えながら、トータル・ソリューションの提案をしていくことが求められている。B2B市場の営業活動に関しては、コンサルティング的なアプローチがきわめて重要になってきている（図表1）。

　同じように、以前はサーバーやストレージ関係の製品を売っていればよかったような事業も、サイバーテロに備えてセキュリティ・サービスを含め

図表1　産業財（B2B）企業の重点事業領域の変遷

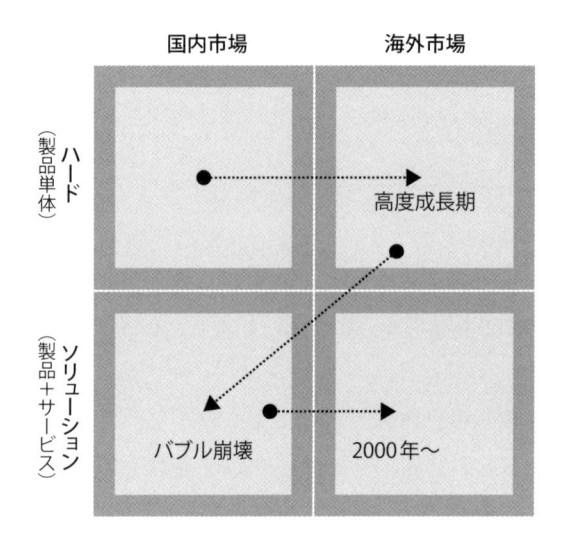

て提供したり、航空機エンジンの販売から、センサー、ビッグデータ、AIを使ってエンジンのみならず、機体全体を予防的にメンテナンスしたり、さらには航空機の稼働そのものをオペレーションとして提供するような事業を手掛けている。

　また、単なる荷役や輸送、保管というサービスから、顧客管理、代金回収までを含めた顧客企業の達成しなければならない業務そのものを丸ごと引き受けるような事業を行っているB2B企業もある。いわゆるBPO（ビジネス・プロセス・アウトソーシング）である。

　事業運営を引き受けることによって、いろいろなデータが蓄積される。そのビッグデータが価値を生む。データそのものを流通する市場も形成されつつある。ビジネスモデルとして考えると、製品を生産するメーカーからデータ・マネジメント会社への変革が求められている時代である。

　そもそも産業財とは、投入財（完成品の一部として投入される原材料や部品）と基礎財（生産プロセスで用いられる工作機などの設備）などに分ける

ことができる。売り手も買い手も企業（business）であることから、産業財を対象とした市場を近年ではBusiness to Business（略してB2B）と呼ぶことが多くなっている。

日本のB2B企業では、マーケティングというと営業管理のような補佐的なイメージが伝統的に強い。一方、営業というと、「業を営む」ということで、特定事業に関する潜在市場の探索から、顕在化された市場へのアプローチをひっくるめて包含するような解釈もある。

本書では、原則として、潜在市場への働きかけであるマーケティングと、マーケティングによって顕在化した市場における個々の顧客企業への働きかけである営業を分けて議論をしていくが、副題に関してだけは、営業を広くとらえて「B2B営業成功の7つのステップ」とした。

日本経済の構造的特性の一つとして、完成品メーカーに対してモジュールやパーツを提供しているサプライヤーの役割の重要性が挙げられる。トヨタに対するデンソー、BMWに対するボッシュ、GMに対するデルファイ等の活動が、トヨタ、BMW、GM等の完成品メーカーの価値創造プロセスにおいてきわめて重要である。

その重要性にもかかわらず、企業対企業、つまりB2Bの領域におけるマーケティングの理論化とその実務への展開については、我が国においては必ずしも進んでいるとは言えないのが現実である。

本書では、B2B市場におけるマーケティング活動に関して、実務で実際に展開される営業活動のプロセスを核にして、古典的なB2Bマーケティング理論と新しい理論を統合する形で論じていく。

消費者行動論、マーケティング・リサーチ、デジタル・マーケティング、関係性マーケティング等の領域で、実務的に使える理論が数多く開発されている。こうした分野の中からB2B市場のマーケティング活動を考えるうえで有益と考えられるものを取り入れている。

筆者は大学院に籍を置く傍ら日米欧のB2B企業とコンサルティングやアク

ション・ベースド・ラーニングを通して実務面で深くお付き合いさせていただいているが、そうした活動のエッセンスもご紹介していきたいと考えている。

　B2Bマーケティングは、相対的に高い知識をもった限定的で少数の顧客との協働的な交換関係を通して、顧客の戦略を実現すべく展開されるところに特徴がある。

　本書では、こうしたB2B市場における特徴を踏まえて、7つのフェーズで構成されるモデルを紹介する。「戦略的産業財マーケティング　B2B営業成功の7つのステップ」である。潜在的な市場に向けた取り組みであるマーケティングと、顕在化した市場に向けた取り組みとしての営業活動を一つのシステムとしてB2Bの文脈で統合したモデルである。

　ステップ1：現状分析——4つのCで分析する
　ステップ2：基本方向——事業目標、事業領域、競争戦略を定める
　ステップ3：コンセプト（STP）——セグメンテーション、ターゲティング、
　　　　　　　ポジショニング
　ステップ4：提供物とその価格——製品・サービスから価格を設定する
　ステップ5：販売チャネル（販路）——直接販売か、間接販売かを選択する
　ステップ6：販売促進——コミュニケーションを設計する
　ステップ7：営業活動——買い手の価値を実現していく

　ステップ1〜6までの活動が、潜在市場に向けた働きかけとしてのマーケティングである。ステップ7は、マーケティングによる働きかけの結果、ニーズを自覚した顧客としての買い手企業（もしくは、顧客になり得る買い手企業）に価値を提供していく活動としての営業である。

　本書の特徴としては、①顧客企業の戦略実現を目的にしていること（戦略

性)、②理論的な裏付けのあるアプローチであること（理論性）、③日々のマーケティング活動にすぐにでも活用することを前提にしていること（実践性）などが挙げられる。

　本書のメイン・ターゲットは、B2B分野で営業、マーケティング、R&Dに従事している実務家、その分野で研究しているMBAの学生であるが、企業経営者・経営幹部にもぜひ読んでいただきたいと思う。

　特に日本企業の意思決定の遅さについては、定評に近いものがあるが、経営は実践してこそ意味がある。こうした点を意識しながら、各種理論を現場での活動に組み込んでいただけるよう、実践的なシステムとして体系化している。

　本プログラムに関しては、すでに先進的な企業が実践しており、着実に成果が出ている。読者の皆さんにも、常にダイナミックに変化し続ける刺激的なB2B市場において、本書の7つのステップを展開していただき、近い将来、その結果について改善点も含めてご意見をお聞きする機会があれば筆者としてこの上ない喜びである。

第2章

基本方向──事業目標、事業領域、競争戦略を定める

第3章

コンセプト（STP）
──セグメンテーション、ターゲティング、ポジショニング

第4章

提供物とその価格
──製品・サービスから価格を設定する

B2B市場における
新たな実践的アプローチ

Proposing a New Practical
Approach for B2B Markets

本章ではまず、マーケティングの基本として、市場の細分化、標的市場の抽出、提供する価値の明確化、および価値を実現するためのマーケティング・ミックスについて説明する。

　そして、B2B市場の特徴とそれに関する近年の各種研究を参考にしながら、B2B市場における新たな体系的なアプローチを提言する。そのアプローチを「戦略的産業財マーケティング　B2B営業成功の7つのステップ」というタイトルで、7つの戦略ステップに分けて概要を説明する。

1　マーケティングの基本的な枠組み

　ロバート・J・ドランはマーケティングについて次のようにコメントしている。

　Marketing is the process via which a firm creates value for its chosen customers. Value is created by meeting customer needs.[1]（マーケティングとは、選んだ顧客に対して、価値を創造するプロセスであり、価値は顧客のニーズを充足させることによって創造される。）

　そして持続的に価値を創造し続けるためのプランが、その企業にとってのマーケティング戦略である。つまりマーケティング戦略とは、「顧客の満たされないニーズを見つけ、定義し、それに対してソリューションを提供することにより顧客価値を創造する一連の施策」と考えられる。このマーケティング戦略を策定するプロセスは、2つの活動に分解することができる。

　まずは、市場を同質のグループに細分化し（segmentation/セグメンテーション）、その中で積極的に働きかけるターゲット顧客を選定すると同時にその顧客の仮説的ニーズを定義し（targeting/ターゲティング）、提供するソ

---

1) R. J. Dolan (1997) "Note on Marketing Strategy," *Harvard Business School Background Note* 598-061, October 1997.

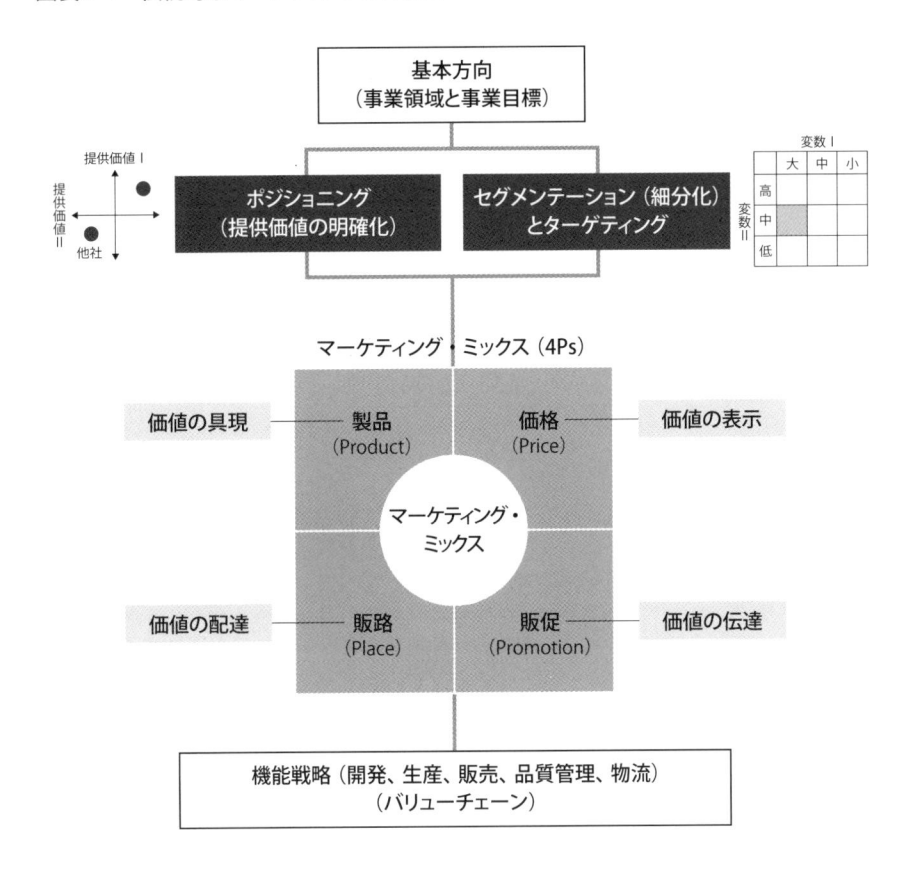

リューションとしての価値を顧客の心の中で位置づける（positioning/ポジショニング）活動である。これにより、どのような市場のどのようなニーズにどのような価値を提供するかという基本コンセプトを明確にすることができる。

　もう一つは、上記のコンセプトを実現するための活動である。具体的には、ソリューションを具体化すべく、製品（product）を開発・設計し、価格

(price）を設定し、販路（place）を設計・管理し、販売促進、略して販促（promotion）を検討するという一連の活動である。

　この4つの要素から構成されるマーケティング・ミックスを構築するためのプロセスは、「顧客市場におけるニーズを充足するための価値を、具体的な製品に仕立て上げて具現化し、その価値を買い手に価格を通して表示し、販促によって伝達しながら、顧客に価値を配達する販路や営業に関する方策を講ずる過程」と考えることができよう（図表0-1）。

2 B2B市場の特徴

　B2B市場における顧客は大きく、民間企業、官公庁、機関という3つのグループに分類することができる。本書では、最も市場規模の大きい民間企業を中心に記述する。

　民間企業の市場は、製造業、建設業、サービス業、流通業など多岐にわたっているが、B2Bマーケティングが対象とする最大の市場は、製造業である。製造業の中でも、大手企業に購買力が集中している。

　中小の民間企業は、数では圧倒的に多いが、購買額や購買量において占める割合は比較的小さい。大手顧客からの受注額が、売り手企業の売上高の大半を占めるケースが少なくない。またこれらの大手企業は地理的にも集中する傾向がある。いわゆる需要の集中傾向が顕著である。

　民間企業の市場をさらに、「OEM ＝ Original Equipment Manufacturer(完成品メーカー)」と「ユーザー」の2つに分けることができる。OEMとは、部品やモジュールなどの産業財を他社から購入し、それらを組み込んで、最終的にはB2C市場やB2B市場に供給される製品をつくる完成品メーカーを意味する。

　例えば、コンピューター、家電、テレコミュニケーション機器、自動車、

図表0-2　**B2B市場の構成（自動車業界）**

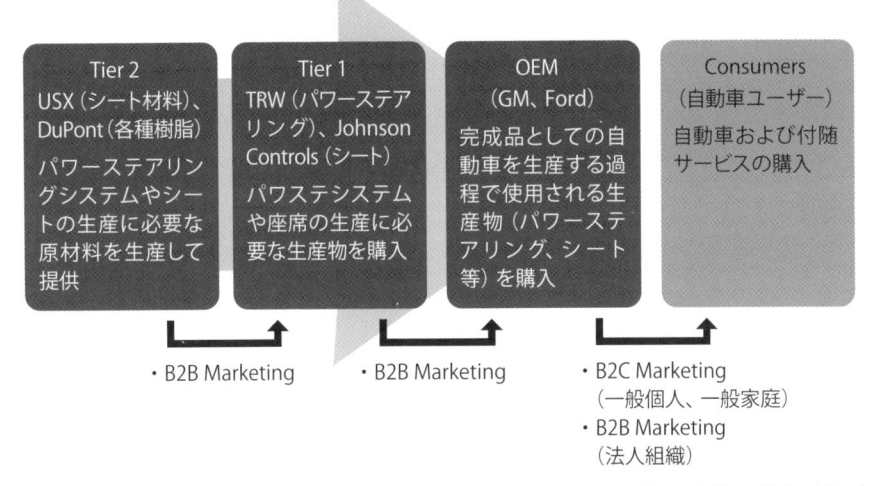

（出所）Michael D. Hutt and Thomas W. Speh（2004）*Business Marketing Management: A Strategic View of Industrial and Organizational Markets*, South-Western　笠原英一（解説・訳）（2009）『産業財マーケティング・マネジメント―理論編』白桃書房。

計測器、制御機器、自動車用エレクトロニクス関連製品等を製造するメーカーである。

　コンピューターを例にとると、インテルはCPUをパナソニックに販売し、パナソニックはそのCPUを自社のレッツノートに組み込んで、完成品としてのレッツノートを一般家庭（B2C）市場や法人（B2B）市場に販売する。本ケースにおけるパナソニックがOEMにあたる。

　ちなみにインテルはパナソニックに対する第一次サプライヤーなのでTier（階層）1と呼ばれている。インテルのさらに上流では、イビデンがTier2としてパッケージ基盤をインテルに供給して、インテルのCPU生産を支えている。

　自動車業界でも同様の階層構造で考えることができる。図表0-2は、自動車市場における売り手と買い手の関係の階層性を示している。OEMである

GMに対して自動車用シートを提供している会社、例えばジョンソンコント
ロールズ（Johnson Controls）という会社があるが、これがTier1である。
さらにジョンソンコントロールズは、デュポン（DuPont）というTier2から
樹脂原料を購入している。

　もう一つの市場であるユーザーは、組み込むために産業財を購入するので
はなく、購入した産業財を用いて製品やサービスを生産し、それを産業財や
消費財として、B2B市場、B2C市場で販売する企業である。ユーザーとして
の顧客とは、例えば、ファナックから産業用ロボットを購入するアップル、
フォルクスワーゲン、森精機を指す。

　ファナックの産業用ロボットは、スマートフォン、車、あるいは工作機械
の一部になってしまうわけではないが、こうした製品を作成する過程、つま
り生産プロセスで使われる。OEMが組み込み用として産業財を購入するのに
対して、ユーザーは生産設備として産業財を購入するのである。

　繰り返しになるが、Tier2もTier1も、OEMも、そしてユーザーも基本的
に企業つまりbusinessであるというのがB2B市場の特徴である。本書では、
企業（business）である売り手が、同じく企業（business）である買い手に
価値を提供する市場におけるマーケティング活動について、営業を核に考察
していく。

　B2C市場（顧客が一般消費財ユーザーである消費財市場）とB2B市場の間
には、大きな違いがある。一般的には、マーケティングに関する書籍という
と、十中八九B2C市場をテーマにしたものではないだろうか。

　筆者は以前、総合研究所の研究員兼コンサルタントとして業務に従事して
いた際、化粧品や眼鏡などの消費財から工場用のバグフィルター、産業用メ
ンブレンフィルター、発電所向けタービン等いろいろなテーマでプロジェク
トに従事した。

　また、経験も浅かったころ、伝統的なマーケティングのフレームワークに

図表0-3　**B2B市場とB2C市場の特徴**

	B2B市場	B2C市場
市場特性 （需要構造、ニーズ）	顧客数は特定、少数。個々の顧客のニーズは異質性が強い。	顧客数は不特定、多数。同質的なニーズをもったグループが存在。
購買者属性 （知識）	売り手を基準に考えると、同等か、相対的に高い知識。	売り手を基準に考えると相対的に低い知識。
購買目的 （戦略実現 vs. 生活）	コストダウン、品質アップ、売上拡大などの戦略実現を目的にしている。	より良い生活の追求、クオリティ・オブ・ライフの向上を目指している。
対象製品 （複雑性、価格）	カスタム・デザイン、カスタム・ビルドなどの適応化モデルが基本。	カタログやパンフレットから選択する標準化モデルが基本。
意思決定 （組織 vs. 個人）	購買組織（技術者、購買・資材担当、プロジェクト・リーダー等の集合体）が評価・判断。	高額な耐久消費財を除き、他から影響を受けることはあっても基本的には個人が評価・判断。
当事者間関係 （協働 vs. 取引）	売り手と買い手間での協働的交換を通して価値共創。	カタログと価格表から判断する取引的交換が主流。

　従って、市場を細分化して（segmentation）、標的顧客市場を選定して（targeting）、提供する価値を顧客の心の中に位置づけ（positioning）、そのポジショニングを実現するため、製品（product）、価格（price）、販路（place）、販促（promotion）の4つの「P」からなる、いわゆるマーケティング・ミックスを構築して市場に提供するという理論体系（いわゆるSTP＋4Ps）を基に、B2B市場における業務展開を試みたことがある。

　しかしながら、この体系に基づいてB2B事業の世界を語るには、どうにも説明のつかないギャップを覚えたことを今でも鮮明に思い出す。そもそも発電所向けのタービン事業を展開しようにも、細分化してグループ化できるほど、顧客が存在しないのである。B2B市場に関するアプローチを考える場合、通常のマーケティングの書籍では、どうしてもしっくりこないところが出てしまう。主な違いを図表0-3にまとめた。

　違いの一つとして、まず挙げられるのが、市場そのものの特性である。市

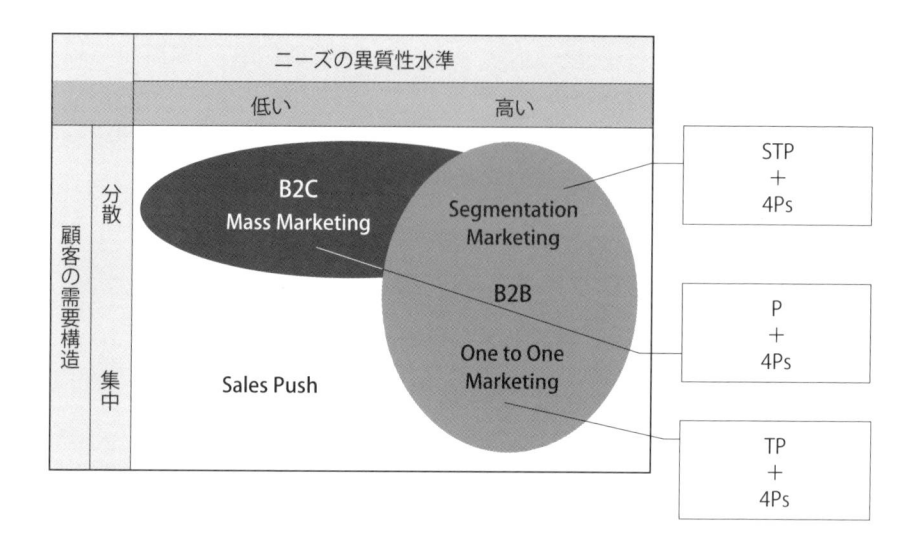

場を、需要構造（顧客が特定少数の大口顧客に集中しているのか、不特定多数の小口顧客に分散しているのかという要素）とニーズの異質性の水準（個々の顧客が有するニーズが同質か異質かという要素）の2軸によって分類することができる[2]（図表0-4）。

　B2Cの場合は、市場は不特定多数で、同質的なニーズを持ったグループが存在することが前提である。それに対して、B2Bの場合は、主対象が、比較的多数の企業から構成され、個々の顧客が異質なニーズを持っている右上の象限と、ごく限られた少数の企業から構成され、個々の顧客が異質なニーズを持っている右下の象限から成ると考えられる。

　右上の領域には、市場全体をセグメントに細分化し、標的セグメントを絞

2) Michael D. Hutt and Thomas W. Speh (2004) *Business Marketing Management: A Strategic View of Industrial and Organizational Markets*, South-Western　笠原英一（解説・訳）(2009)『産業財マーケティング・マネジメント―理論編』（白桃書房）訳者解説から抜粋。

り込むSTPのプロセスがフィットする。B2Cの市場におけるアプローチときわめて類似している。

　右下の領域では、一社一社カスタマイズすることを前提としたone-to-oneマーケティングの考え方が当てはまる。ここでは、顧客数が限定されているため、セグメンテーションのステップを省略することができる。売り手にとって魅力ある顧客の選択であるターゲティングから考えれば事足りる領域である。

　本書では、一応STPを前提に議論を進めるが、STPがフルセットで必要とされない市場もあることにご留意いただきたい。

　次の違いが、保有する情報量からみた購買者の属性である。具体的には、売り手と買い手の持っている情報量の相対的な格差のことであるが、B2BとB2Cでは売り手と買い手の持っている情報量が大きく異なる。

　つまり一般消費から構成されるB2C市場では、売り手である企業が自社の製品やサービスに関して持っている情報量は、一般的な消費者としての買い手に比べて、圧倒的に多い。

　それに対してB2B市場の場合、買い手企業では設計、開発、生産管理、そして購買などの部門のメンバーが集まって、購買センター（buying center/BC）、もしくは、意思決定ユニット（decision making unit/DMU）などと呼ばれる組織体が形成され、これを主体に、情報収集や評価をしながら購買プロセスが展開されることが一般的である。

　それぞれ専門知識を持ったメンバーが組織で判断するわけで、売り手との情報格差が少なくなる。時には買い手のほうが情報量を持っている場合も少なくない。

　次に、購買目的も異なる。B2C市場の顧客は、いわゆる、「うれしい！」「たのしい！」「心地よい！」「おいしい！」「かわいい！」、英語でいうと、"WOW!" "Cool!" "Cute!" "Fabulous!" というような感性で購入する場合が少なくない。

一方、B2B市場における買い手企業の購買の背景には、コスト削減（単に、製造原価の低減にとどまらず、販売一般管理費等も含めたトータルコストの削減）とか、品質アップ、売上拡大、ブランド力アップ、マージン拡大、利益の最大化とか、一言でいうと企業として達成したい目標や課題が背景にある。

　言い換えると、購買目的は、B2C市場では生活の質（quality of life）の向上であるのに対して、B2B市場では事業における戦略実現である。顧客のニーズを検討する際には、顧客の戦略を考察する必要があるということも意識したい。

　購買対象になる製品も、B2B市場の場合は消費財のようにカタログに載っているような標準品に限らない。むしろ顧客独自の特注仕様に基づいてカスタマイズされた製品であることが少なくない。

　生産システムも消費財の場合は、標準仕様に基づく見込み生産（build to stock）によるマスプロダクションが中心であるのに対して、産業財の場合は、特注仕様に基づく受注生産（build to order）の形態か、またこの両者の中間形態であるセミ・カスタマイゼーションの形態をとることのほうがむしろ一般的であるかもしれない。

　これは、顧客の特定のグループに共通して使用可能な部品、コンポーネントを標準化し、かつ量産することにより、コスト効率を改善させながら、個々の顧客企業の要望にも応える形態である。

　競争戦略やポジショニングを検討する場合は、適応化と標準化がポイントになることも少なくない。

　意思決定についても、前述のとおりB2Cでは基本的に個人で購買を決定するのに対して、B2Bでは組織購買が基本である。市場に対するアプローチとしてのチャネル政策や営業政策を検討する際、購買センター（buying center/BC）とか意思決定ユニット（decision making unit/DMU）と呼ばれ

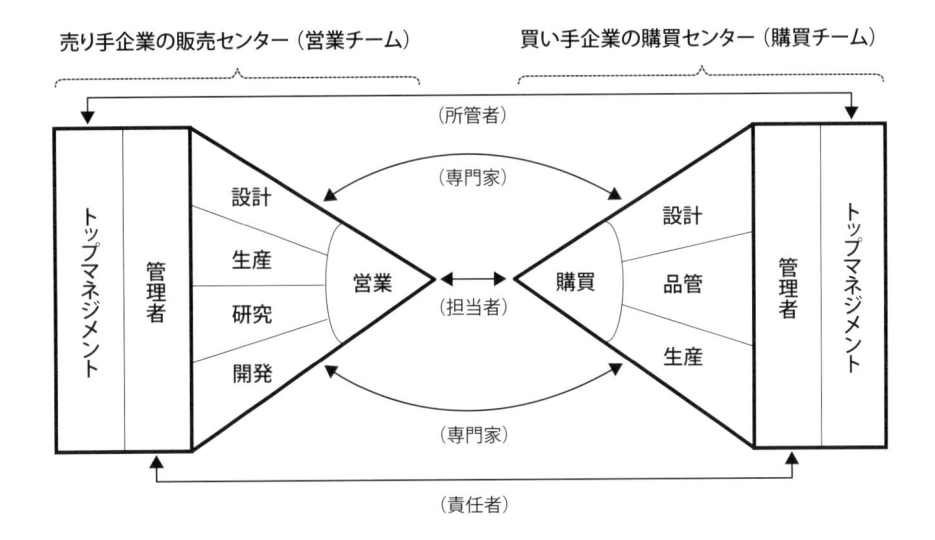

る組織体を構成する個々のメンバーを考慮しなければならないこともB2B
マーケティングの特徴である。

　売り手と買い手の関係も大きく異なる。B2Cでは、店頭で現物を確かめて、
通販ならばカタログでチェックして、代金を支払い所有権が移転するという
単純な取引的な交換関係である。これに対して、上記のカスタマイゼーショ
ンの水準と関連しているが、B2B市場では、売り手と買い手間で協働的[3]な
交換関係を基に両社で価値の共創を行うことが多い（図表0-5）。
　購買センターに属する複数のメンバーが売り手企業の営業・マーケティン
グ、研究・開発、企画・設計等の専門家と相互作用を行いながら、新たな価
値を創っていく。
　売り手企業と買い手企業の関係は、常に深化し続けるということではない。

3）売り手企業と買い手企業が得意の分野で、同じ目的に向かって力を合わせること。単純に同じこと
　をやる共同とは異なる。

時として、振り出しに戻ったり、二度と発注したくないというようなマイナス評価になる場合も想定される。買い手企業と売り手企業の間に信頼感や 紐 帯 <ruby>紐 帯<rt>ちゅうたい</rt></ruby>感 [4] が形成され、引き合いから受注、納品、問題解決へと発展するよう、両企業の間の関係を管理することが営業活動のテーマと考えてもよい。

3 | B2Bマーケティングに関する研究の経緯

B2B市場を研究対象にするマーケティングは、さまざまな理論体系の基に発展を遂げてきたが、1970年代を境に研究に関する基本的なスタンスが大きく変化した点に着目する必要がある。

1970年代以前は、主にマーケティング・マネジメント [5] をベースとするB2Cマーケティングの体系を基に、産業財に特有な視点、例えば、提供する財の特性や、マーケティング活動の対象となる顧客の組織購買行動を考慮して、それをB2B向けに修正するというアプローチが一般的であった。

もっと単純に言うと、以前は、提供する財とそれを購入する顧客という2つの点で異なるB2B市場に対して、B2Cマーケティングをどのように修正して適用するかということにポイントが置かれていた。

B2B市場における製造業のマーケティングに関する理論のうち最も基本的なものは、M・T・コープランド [6] の製品類型論であると考えられている。

4）紐帯とは、愛着、愛情、友情、尊敬の念を構成要素とする社会的つながりを意味する。
5）マーケティング・マネジメントは、4つのCで始まる要素の分析から始まる。それは、Customers（顧客・市場）、Company（自社）、Competitors（競合・業界）、Context（マクロ環境）である。
　Customer needs：どのような顧客のどのようなニーズを充足させるのか？
　Company：このニーズを充足させる際の、自社ならではの能力とは？
　Competitors：このニーズを充足させる際に競合と認識される企業は？
　Context：このニーズを充足させる際のマクロ環境上の制約要因は？　上記分析を基に、標的市場を選定し、その市場において提供する価値の理想的なポジショニングを明確にし、それを具体化したマーケティング・ミックス（製品＝Product、価格＝Price、販路＝Place、販促＝Promotion）を構築していく。

コープランドは産業財を分類し、その分類に従って製品特性、購買方法、販売促進方法等を明らかにしている。

その後、製品、市場、顧客に関する産業財の特性を消費財のそれと比較することに焦点を当てた研究が進んだが、一連の研究は基本的に消費財マーケティングの体系に基づくものであり、その体系をB2Bマーケティングにフィットするよう修正したものであった。

後に、B2B市場におけるマーケティング活動の理論として発展したのが、組織購買行動論[7]である。この理論はB2Bマーケティングの中心的な理論であり、多くの理論研究および実証研究が行われてきた。

もともと産業財の取引では、合理的な意思決定プロセスが特徴とされてきたが、組織購買行動論では、組織における決定とはいえ、個人の意思決定がベースにあると考えられている。

そのため、情報の処理能力が完璧ではないこと（つまり購買決定者がすべての売り手企業の提供価値を完全に把握できるわけではないという点）や、経済的合理性を超えた要素（つまり儲かるか否かという理由以外の要素）、例えば、社内派閥や組織内力学といった動機などが購買決定に影響することもあると考えた。

組織購買行動論ではこのほかにも、購買状況や購買プロセスといった概念が取り込まれており、B2Bマーケティングにおける一定の貢献は認められた。しかしながら、基本的に買い手企業を受動的な存在としてとらえ、その買い手企業に対してどのように有効な刺激を与えるのかという考え方に基づいて理論構築されており、実証研究もこのような視点から行われている。主な理

---

6) Copeland, M. T. (1924) *Principles of Merchandising*, Chicago A. W. Shaw Company.
7) 組織購買行動論は、購買意思決定が組織によって行われるという、いわゆる組織性に基づいて発展してきた理論であるが、基本的には買い手企業に焦点が当てられており、売り手企業と買い手企業の関係が十分に考察されているとは言いがたい。こうした問題意識から、売り手企業と買い手企業との関係を扱うフレームワークとして関係性マーケティングが展開されてきたのである。

論モデルとしては、Robinson, Faris, and Wind (1967)[8]、Webster and Wind (1972)[9]、Sheth (1973、1980)[10] などが挙げられる。

しかしながら、売り手企業の一方的な行為によって買い手企業の反応を引き出すという考えのもとでは、産業財市場において実際に展開されている企業間の行動、例えば、新製品開発プロジェクトなどで見られる、買い手企業と売り手企業間の相互作用を伴う協働作業などを十分に説明することができない、という実務家からの指摘も少なくなかった。

1970年代以前には、上記の2つの理論[11] を中心に、B2Cマーケティングを援用する形で発達してきたB2Bマーケティングであるが、1970年代以降になると、多くの批判が展開されるようになる。批判の主な理由は、前述のとおり、従来の理論では、B2B市場における売り手企業と買い手企業との間の比較的長期にわたる相互作用を適切に記述し、分析することができないというものである。

これを受けて新しい理論的な枠組みの必要性が主張された。それによって展開された新たな理論が、関係性マーケティングである。この関係性マーケティングについては、Arndt (1979)[12] から始まり、日本においても、嶋口 (1994、1997、2000)[13]、久保田 (2003、2006)[14] 等の研究によって大きく発展してきた。

---

8) Robinson, P. J., Faris C. W. and Y. Wind (1967) *Industrial Buying and Creative Marketing*, Allyn and Bacon.

9) Webster, Jr. F. E. and Y. Wind (1972) "A General Model for Understanding Organizational Buying Behavior," *Journal of Marketing*, Vol. 36 (4),12–19.

10) Sheth, J. N. (1973) "A Model of Industrial Buyer Behavior," *Journal of Marketing* 37 (10), 50–56.
   Sheth, J. N. (1980) "Research in Industrial Buying Behavior-Today's Needs, Tomorrow's Seeds," *Marketing News*.

11) 提供する財の特性にスポットをあてた理論が製品類型論であり、顧客の購買意思決定における組織性、具体的には、購買部門、開発部門、生産部門などのさまざまな部門の担当者やその管理者、ときには経営トップが購買意思決定に対し、間接的または直接的に関与するという特徴に着目した理論が組織購買行動論である。

12) Arndt, Johan (1979) "Toward a Concept of Domesticated Markets," *Journal of Marketing*, Vol. 43 (Fall), 69–75.

売り手企業と買い手企業の担当者間で頻繁なコミュニケーションといったリレーショナルな行為が行われると、当事者間では、互いに相手に対する信頼感やコミットメント[15]が形成されるようになる。そして信頼性やコミットメントによって売り手と買い手の間に長期志向や協力的行動がもたらされるという展開である。

　コミュニケーションは現象的側面であるが、信頼感やコミットメントは心理的側面である。協力的行動は関係性の結果であると同時に、取引の相手から見ればリレーショナルな行為、すなわち現象的側面としてとらえることもできると久保田は指摘している[16]。

　関係性マーケティングについては、このように心理的状態とさまざまな現象が循環しながら、関係性がスパイラルに発展する構造として考えられよう（図表0-6）。

　関係性マーケティングによって、B2B市場で生じる売り手と買い手間の長期的な相互作用を、的確に記述・分析することが可能になったと考えられる。しかしながら、記述は可能になったとしても、マーケティング担当者が、経営の現場で戦略的な意思決定を行ううえでのフレームワークや戦略ツールが提供できるようになったわけではない。

　本書では、そうした問題意識を踏まえて、戦略的マーケティングの枠組みをベースに、B2B市場の特性に関する伝統的な理論と比較的新しい考え方を統合する形で、実務での実践的アプローチを前提とした理論の体系化を図る。

---

13) 嶋口充輝（1994）『顧客満足型マーケティングの構図―新しい企業成長の論理を求めて』有斐閣、嶋口充輝（1997）『柔らかいマーケティングの論理―日本型成長方式からの出発』ダイヤモンド社、嶋口充輝（2000）『マーケティング・パラダイム―キーワードで読むその本質と革新』有斐閣。

14) 久保田進彦（2003）「リレーションシップ・マーケティング研究の再検討」『流通研究』第6巻第2号、9月、久保田進彦（2006）「リレーションシップ・マーケティングのための多次元的コミットメントモデル」『流通研究』第9巻第1号。

15) 関係に対する「のめりこみ」、これをMorgan and Hunt（1994）は、「関係に意義を認め、継続を願い、それに向けて努力すること」と定義している。

16) 久保田（2003）「リレーションシップ・マーケティング研究の再検討」『流通研究』第6巻第2号、9月、15-33。

図表0-6 関係性マーケティングの循環構造モデル

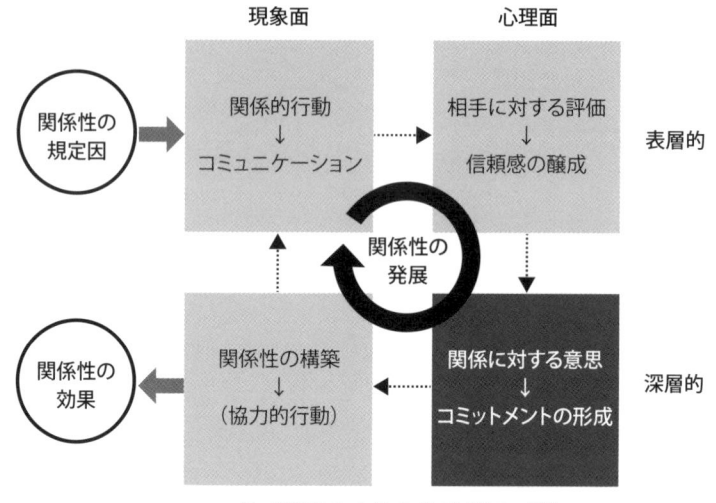

■=関係性マーケティングにおけるキー概念

（出所）笠原（2005）「米国マニュファクチャラーズ・レップの関係性マネジメント」『現代マーケティングの革新と課題―顧客満足・関係性マネジメント・営業戦略の新発想』柏木編、東海大学出版。

4 戦略的産業財（B2B）マーケティングの7つのステップ

　図表0-7は、戦略的産業財（B2B）マーケティングを、7つのステップから構成される一つのシステムとしてモデル化したものである。

　まずは、売り手企業を取り巻く①現状分析を行い、②基本方向を設定することから始まる。

　次に、基本方向における③コンセプト（標的市場と価値提案）の内容を定め、価値を実現するための④提供物とその価格を明確にし、⑤販売チャネルを設計・管理し、同時に、チャネル機能を補完する⑥販売促進を検討する。

　ここまでが潜在市場に向けた働きかけとしてのマーケティング活動である。

　最後はマーケティング活動によってニーズを自覚した実際の顧客に価値を

①現状分析（4Cs分析）

Company分析
- 理念、ビジョン
- 現事業領域
- コア・コンピタンス

Customers分析
- 市場セグメント
- 主要顧客インサイト
- 主要顧客ニーズ

Competitors分析
- 業界構造
- 戦略グループ
- 競合の戦略（4Ps）

Context分析
- 環境要素
- Industry4.0
- Society5.0

S	W
O	T

②基本方向
- 事業目標
- 事業領域
- 競争戦略

③コンセプト（STP）

標的市場
- セグメンテーション
- ターゲティング
- ニーズ（KBFs）

価値提案
- 効用（Benefits）
- 負荷（Costs）
- ポジショニング

④提供物・価格
- 製品、サービス
- ソリューション
- 価格

⑤販売チャネル
- 直販（Direct）
- 間販（In-direct）
- デジタル

⑥販売促進
- 企業間広告
- ソーシャルメディア
- キーワード検索

⑦営業活動
- 営業戦略
- 営業形態
- 営業プロセス

評価・統制

（注）1：4Cs分析：Company、Customers、Competitors、Context
　　　2：4Ps：製品（product）、価格（price）、販路（place）、販促（promotion）
　　　3：STP（S：セグメンテーション/市場の細分化、T：ターゲティング/標的市場の抽出、P：ポジショニング/提供する効用の明確化）
　　　4：KBFs（key buying factors/購買決定要因）

実現していくための⑦営業活動である。

　以上7つのステップである。

　7つのステップは、顧客との価値共創機能を担う営業担当の活動を中心に記述されているが、営業と一体となって動かなければならないR&D、技術製造担当の方々にも有益であると思う。この包括的プログラムが着実に成果を上げていくためには、プロセス全体を評価・統制する仕組みも必要である。これについては、また機会を設けて詳細を議論したい。以下ステップごとにポイントを述べる。

　現状分析については、特に順番が決まっているわけではないが、Company（自社）の分析として、現在の事業領域、それと関連する理念（ミッション）やありたい姿（ビジョン）、差別化の基盤としてのコア・コンピタンスなどを押さえておきたい。

　もう一つのCがCustomers（顧客）分析である。提供しようとしている製品、サービス、ソリューションを購入してくれる可能性のある顧客の集合体（これを市場と呼ぶ）を認識するところから始まる。その市場の中で、同質のニーズを持っている顧客のグループがセグメントである。各セグメントの規模や成長ポテンシャルもつかんでおきたい。

　対象となりそうなセグメントを選択したらそのセグメントに属する企業をいくつか抽出して、その企業のニーズを把握する。そのためには、ニーズのベースとなる顧客インサイト（現状分析などから導き出される買い手企業の戦略方向）や購買センター（間接的、直接的にサプライヤーの選定に影響を及ぼすメンバーの集合体）の構成、メンバーのニーズ（増やしたい効用、減らしたい負荷も含めて）、その優先順位（購買決定要因/key buying factors）についても傾向を整理しておく。

　次のCがCompetitors（競合）である。業界構造や戦略グループを押さえ

たうえで、主要な競合他社の戦略を把握しておきたい。具体的には、各競合他社が提供している価値やそれを具体化したマーケティング・ミックス（製品/product、価格/price、販路/place、販促/promotion）を、各社がターゲットとして設定している市場と併せて明らかにしておきたい。また、将来的にターゲットとマーケティング・ミックスがどのように変化する可能性があるかなどを押さえておく。

最後のCがContext（マクロ環境）である。一般的にはPESTEL（Politics/政治、Economy/経済、Society/社会、Technology/技術、Environment/環境、Law/法律）としてフレームワーク化されている。特にAI（人工知能）、IoTなどの技術や環境に関する近年の動向を把握しておくことがポイントである。日本の目指すべき社会将来像（Society5.0）、それを支える第四次産業革命（Industry4.0）などに関する基本的なところも押さえておきたい。

ステップ2の基本方向の設定であるが、ここでは上記の現状分析により、成長ポテンシャルが高く、自社のコンピタンスが適用できる領域を改めて定義すると同時に、そこにおける事業目標（シェア、売上、利益など）や競争優位性の構築についても検討しておきたい。

ステップ3のSTPではS（segmentation/市場の細分化）、T（targeting/標的市場の抽出）、P（positioning/提供する価値の明確化）を行う。標的市場で行う作業は、ステップ1におけるセグメントの分析を発展させる要領である。市場分析で用いた変数を利用できるのであれば、市場分析の確認程度になる。事業領域を変える方向で議論しているのであれば、新たな変数で取り組んでもかまわない。

市場全体の中で、同じような選好を示す顧客をグループ化する、つまりセグメントに分ける。ちなみにこの作業がセグメンテーションであり、そのうえで市場としての魅力度と資源の適合度を評価し、積極的に働きかけるべき

セグメントを選択（ターゲティング）する。

　市場の魅力度を判断する際は、市場規模、成長性、競争状況などを参考にするとよい。市場規模に関しては、現時点ですでに顕在化している規模よりも、ニーズの強さや潜在的な規模を考えるべきである。資源の適合度とは、自社の持っている開発力、生産力、販売力などの要素が顧客の質的あるいは量的ニーズにどの程度フィットしているかということである。

　このほかにも、当該顧客の自社にとっての価値、いわゆる顧客生涯価値（カスタマー・ライフタイム・バリュー/CLV）[17] を把握しておきたい。売り手と買い手の双方にメリットのある関係が大事であり、どれくらい有益な顧客になりうるかという観点はターゲティングの指標として重要である。

　顧客生涯価値は、各顧客の売り手企業に対するロイヤルティ（L）、主として購入する製品のマージン（m）、そして顧客を獲得・維持するためのコスト（AC）から総合的に判断する。

　さらに、自社の理念適合性や売上拡大可能性なども必要に応じて検討しながら標的市場の抽出としてのターゲティングを行う。新規事業に関しては、最初に自社の提供する価値を認めてくれるところから参入し、そのうえで、実績を生かして徐々に拡大していくほうが、はじめから市場の大きなところを目指すよりも、立ち上がりが早くなり、大きな成功につながる可能性が高い。

　価値提案とは英語では、value proposition と表現される。ターゲットとする顧客に対してどのような価値を提案するかということであるが、顧客に対する価値は、享受できる効用/benefits と効用を獲得するために払わなければならない負荷/costs（いずれも顧客にとって）のバランスで決まるものであり、できればその価値を表現するためのブランド戦略も含めて検討しておきたい。

　ちなみに、効用と負荷の差分が知覚価値である。B2Bマーケティングでは、

---

17) CLV＝m×L－AC

従来、製品に関する物理的な特性（characteristics）が重視されがちで、その製品によって顧客のニーズがどの程度充足されるかということに関する主観的な判断としての属性（attributes）や使用状況のイメージ（imagery）などはあまり考慮されてこなかった。こうした要素も含めて価値をどのように伝えていくか、販売促進も併せて考えておきたい。

　価値を構成する要素を2つ選択して、それをx軸とy軸の2軸にして、自社の提供する価値と競合他社の提供する価値を顧客の立場になって相対的に表す方法がポジショニング・マップである。STPのプロセスもできる限りビジュアル化してシンプルに整理する。

　ステップ4では、標的市場に向けて展開する提供物を企画、開発する。提供物には、物理的な製品はもとより、ソフト、サービス、問題解決としてのソリューションなどが含まれる。価値を具現化するための製品やサービスが決まったら、次は、その価値を表示する機能としての価格付けを行わなければならない。価格の設定を検討する時点で、すでに競合他社が提供している製品（代替物も含めて）の価値とその販売価格がある程度明確になっていることが望ましい。

　売り手企業が買い手企業に提供する価値と買い手企業にとっての価格（つまり売り手企業の販売価格＝売価）の差が、売り手企業が買い手企業に提供するネット（純）価値と考えることができる。同じように、競合他社の提供している価値と買い手にとっての価格（つまり競合他社の売価）との差が、競合他社が顧客に提供しているネット（純）価値である。

　要は、自社のネット価値が、競合のネット価値よりも高くなるように自社の価格（売価）を調整することが求められる。この価値に関する提案は、この時点では仮説であり、後の営業活動を通して妥当性が検証されることになる。

　ステップ5は標的市場に価値を提供していく販売チャネルの設計と管理で

ある。このステップの2つ前のSTPのプロセスで、顧客に対して、どのような価値を提供していったらよいかということが検討されている。提供する価値と顧客の特性に応じて、チャネルの構造を考える。

　例えば、顧客が比較的限定的で特定可能で、提供するものが完全にカスタマイズの要求されるような複雑なソリューションの場合、売り手と買い手の間で協働的な関係が求められる。したがって、直接販売が理想的である。それに対して、顧客の数が多く、提供するものもセミ・カスタマイズ程度で済むような製品で比較的シンプルな場合は、代理店や販売店などを通した間接販売がよい。

　もっと単純で、標準品をさらに多くの不特定の顧客に販売するような場合は、eチャネルつまりeメールやウェブサイトのようなデジタルでアプローチする方法が考えられる。市場セグメント別に、あるいは買い手の企業の属性別にアプローチ方法を変えていくことがポイントである。

　ステップ6は提供する価値を伝達するための販売促進（プロモーション）の策定である。どんなに優れた製品でも、勝手に売れることはない。製品の価値が購買センターのメンバーに効果的に伝わらなければならない。

　B2Bの製品やソリューションの内容は複雑なものが多く、顧客の数は限定的であり、購買を検討するプロセスも比較的長期にわたるため、B2B市場における顧客との関係の担い手の中心は営業になることが多い。

　その営業活動を効率的かつ効果的に推進するために、企業間広告、B2Bソーシャル・メディアなどの手段を統合した包括的なプログラムが求められる。

　最後のステップ7が営業である。実際の顧客に対して価値を実現していく活動である。ステップ1〜6までの活動が、潜在市場に向けた働きかけとしてのマーケティングである。マーケティング活動を通して、ターゲット市場とそのニーズ、提供する価値を明らかにすると同時に、ニーズを顕在化させる

手段も実践していくが、顧客が本当に買ってくれるかはまだわからないという意味で打ち手としては仮説のレベルである。ステップ7は、マーケティングによって設定された仮説を最終的に検証していくプロセスとも考えられる。具体的には、マーケティングによる働きかけの結果、ニーズを自覚した実際の顧客（あるいは、その可能性の高い顧客）に価値を提供していく活動である。これが営業活動である。

本書のゴールが、潜在的な市場に向けた取り組みであるマーケティングと、顕在化した市場に向けた取り組みとしての営業活動を一つのシステムとしてB2Bの文脈で統合することであると述べた。ステップ7がまさに統合をテーマにしている。

ステップ6の時点で、すでにセグメントごとにアクセスする方法を検討しているが、顧客の購買段階（例えば、ニーズを漠然と認識した時点なのか、サプライヤーの提案内容を具体的に比較している段階なのかなど）によっても必要とされる機能が異なってくるため、購買プロセスごとに望ましい営業形態、例えばフィールド・セールス（外勤営業）、インサイド・セールス（内勤営業）などの組み合わせを考えることが望まれる。

具体的に言うと、買い手企業に売り手の存在を知ってもらうような認知形成や引き合い創出のプロセスでは、内勤営業が一律的に対応するような取引的な関係[18]をベースに、効率的にさばくということでよいのではないだろうか。

商談が本格化するようであれば柔軟に動ける外勤営業が核となり、買い手企業の具体的な課題解決に関する仮説を設定し、売り手企業と買い手企業が協働[19]しながら、解決策を一緒に検討するような関係が商談のベースになると想定される。

顧客セグメントという市場軸をベースに、顧客の購買プロセスという時間

---

18) 相互作用の伴わない、比較的シンプルな売り手と買い手間の関係。協働的な交換の反対語。
19) 複数の主体が、何らかの目標を共有し、得意なスキルを活かして、ともに力を合わせて活動することをいう。

軸を加えて、市場セグメント別、そして、購買プロセス別に、必要な営業機能を考え、顧客との関係をマネージしながら顧客価値を創出していくのが営業である。

　以上の7つのステップを参照しながら、戦略的B2Bマーケティング活動を実践していくことにより成果を挙げていく。次の章からは、ステップごとに詳しく解説する。

第 1 章

現状分析

4つのCで分析する

Analyzing Situations using
the Company, Customers,
Competitors and Context

ここでは、経営戦略論のフレームワークを援用して、現状分析を4つのC
で説明する。4つのCとは、Company（自社）、Customers（顧客）、Com-
petitors（競合）、そしてContext（マクロ環境）である。

1 Company（自社）分析

　自社に関する分析としては、前述のとおり、現在の事業領域、それと関連
するミッションやビジョン、差別化の基盤としてのコア・コンピタンスなど
を押さえておきたい。

◉──理念・ビジョン

　理念（ミッション）とは、企業として社会に対してどのような価値を提供
していきたいのかを表現したものと考えられる。基本的には会社として将来
的にも守っていきたい価値観を示していることが多い。それに対して、ビ
ジョンとは達成したい、ありたい姿や組織の魅力的な将来像を具体的に示し
たものと考えることができる。

　そもそもなぜ分析の前に、理念の確認を行うべきなのであろうか？　企業
としての価値観がはっきりしていないと、調査分析の対象に関する境界線が
非常に曖昧になってしまうからである。日本のビジネスパーソンにとっても
比較的なじみのある企業の価値観を凝縮したメッセージを以下に列挙してみ
た。

　"Contribute to Customers' Value Creation with Innovative Ideas" by
　Nitto
　"Innovative and Practical Solutions" by 3M
　"Emotional Engineering" by BMW
　"The Power of Dreams" by Honda

"Zoom-Zoom" by Mazda
"Orchestrating a brighter world" by NEC
"Inspire the Next" by Hitachi
"BE MOVED" by Sony

　例えばSonyの"BE MOVED"からは、「人々が夢中になれる感動を生み出したいという願い」を感じることができる。

　日立のメッセージは、"Inspire the Next"であり、これには、「次なる世代の社会インフラのイノベーションに息吹を与えていく」という想いが伝わってくる。

　同様に、NECの場合は、「人と地球にとって明るく賢い情報社会を、ハードもサービスも全部統合して、顧客と一緒に創っていく」というような意志を感じることができる。

　テクノロジー業界にいる3社ではあるが、目指すべき方向性が異なっている。したがって競合分析の対象も異なってくる。

　まず、Sonyの場合は、夢中になれる感動の創出なので、ベンチマーク調査の対象としては、任天堂、マイクロソフトのエックスボックスなどのゲーム機メーカーやエンターテイメント企業が含まれる。

　それに対して"Inspire the Next"の日立の場合は、業界で最先端のテクノロジー開発をしているインフラ関連企業が競合分析の対象になると思われる。

　情報社会を土俵とするNECにとっては、当然ライバルはIBMとなるのではないだろうか。

　ベンチマークとして選択した競合と直接競争する戦略をとるかどうかは、また次元の違う判断である。要は、企業としての価値観が不明確なまま現状分析をしようと思っても、調査対象とすべき顧客や市場、競合や業界の線引きができず、そのため分析も曖昧なものにならざるを得ないということをここでは確認しておきたい。

最後に、理念を効果的に表現することに関するポイントをアート・ワインスタインの論文[1]から引用しておく。

　「効果的なミッション・ステートメントは、明確かつ妥当であり、気持ちを奮い立たせる内容で、永続的で柔軟性がなくてはならない。さらに、ミッションは簡潔かつ完全で、戦略的な方向性や全体像を示し、結果につながり、それに加えて次のような基本的な質問に答える内容でなくてはならない。我々が本当に携わっている事業は何か。我々の事業はどのように変わっていくのか。他のどんな事業に携わる必要があるのか。我々の顧客は誰か。顧客は何を望んでいるか。どうやって価値を創造し、最大限に引き出し、それを顧客に提供すべきか。我々の企業理念は何か。我々は競合他社とどう違うか、競合他社よりどう優れているか。」

◉──現在の事業領域

　事業領域は、競争する領域を定義したものである。事業領域は、提供する製品とそれが提供される市場で定義されることが多く、英語では、product-market（growth）matrixと呼ばれる。一般的には、x軸に市場、y軸に製品の2軸で構成される製品・市場マトリックスで整理する（図表1-1）。

　市場とは顧客の集合体であり、製品を提供することによってニーズを充足させるべき対象（target customers to be satisfied）である。グローバル企業であれば市場を、アジア太平洋、アメリカ、EU＋アフリカ等の地域で定義することができる。

　また、ディーゼルエンジンを提供する企業であれば、そのエンジンを買ってくれる業界、例えば電力業界、自動車業界、小型船舶業界、建設機械業界、農業機械業界等で整理することができる。

　さらには、特定の業界で事業展開している場合は、大手（Mega）、中小

1）A. Weinstein（2004）*Handbook of Market Segmentation*, Routledge.

図表1-1　事業領域（製品・市場マトリックス）

		ターゲットとなる市場			
提供する製品群					

（SME: small and medium sized enterprises）、零細（SOHO: small office and home office）等の企業規模で市場を分類することも可能である。特に産業財マニュファクチャラーに多く見られるが、特定の業界の顧客数社としか取引しないというケースがある。

　例えば、自動車部品を提供しているTier2企業の場合は、ボッシュ、コンチネンタル、デンソーというTier1企業の固有名詞で市場を定義することになる。

　また極端なケースではあるが、取引顧客は一社のみという場合は、その顧客企業を事業部に分けて市場として認識することもできる。

　例えばホンダに燃料タンクを提供しているホンダ専業のメーカーのようなケースである。ホンダには、四輪事業、二輪事業、発電機事業、船外機事業、プライベートジェット事業など多岐にわたる事業がある。こうした事業ユニットを事業領域の横軸を構成する市場として認識して、事業機会を探索することも一つの方法と考える。

　NTTグループのみを顧客として設定しているテクノロジー企業も同様である。NTT東日本・西日本、ドコモが市場になる。

　製品は顧客のニーズを充足するために提供するもの（what to offer）であ

図表1-2 **事業領域の例（グローバル展開をしている自動車部品メーカーのケース）**

		市場			
		US （GM、Ford）	EU （Mercedes、BMW、 VW、Renault）	Japan （Honda、Toyota、 Nissan）	China （第一汽車、東風 汽車、上海汽車）
製品	Powertrain Products				
	Air Conditioning Products				
	Safety Products				

り、製品、サービス、オペレーション、ソリューション等が含まれる。製品に関しては、付加価値や用途などの基準でいくつかのカテゴリーに分けるケースが多い。

　サービスについてもMRO（メンテナンス、リペア、オーバーホール）に細分化することもある。製品・市場マトリックスで事業領域を整理し、それぞれの事業の可能性を考えたうえで、成長の方向性を考える。

　図表1-2は、グローバル展開をしている自動車部品メーカーのケースである。市場に関しては、地域軸と企業軸の2つの要素を使って2段階で整理している。提供する製品は、パワートレイン、空調システム、エアバッグなどの部品群の要素を用いている。

　図表1-3では、円の大きさが市場規模であり、市場の成長性が矢印の傾き、自社のシェアをくさびでそれぞれ表現している。

　図表1-3のチャートから判断できることは、各領域における市場の成熟感とすでにかなりのシェアをとっているということから、この事業領域のままでは企業として大幅に成長するという期待はできないということである。

　あくまでも現在の製品・市場域での売り上げ拡大を推進する戦略を採用するとしたら、どのような施策が考えられるだろうか。まずは、現製品の値上

図表1-3　事業領域の評価

		市場			
		I	II	III	IV
製品	A				
	B				
	C				
	D				

げである。そのほかには、顧客内シェア・アップや顧客離反率の改善による顧客の維持率の向上などが考えられる。いずれにせよ、今後この事業領域で大幅に市場が成長するという期待はできないとしたら、新たに市場を開拓する、新製品を開発する、両方の組み合わせで機会探索をするという方向性で事業領域を検討することになる。

●──コア・コンピタンス

自社分析に関する次のテーマがコア・コンピタンス分析である。関連してコア部品と最終製品も整理しておきたい。

まず、コア・コンピタンスであるが、これは独自のスキルや技術の複合体で、それによってユニークな顧客価値を創造することのできるものである[2]。

---

2) James B. Quinn (Summer 1999) "Strategic Outsourcing: Leveraging Knowledge Capabilities," *Sloan Management Review* 40.

企業スタッフの優れたスキルや技術の独自な組み合わせ方であり、組織による共同学習といってもよい。コア・コンピタンスの要件として3つ指摘される。一つは多様な市場へのアクセスを可能にするものであり、第二に、顧客が知覚する価値に重要な貢献をするものであり、第三には、模倣されにくいものということである。

　具体例を挙げる。例えば、デルのコア・コンピタンスはその直販能力である。特に中小企業に対する強い直販能力を駆使して、スイッチ、パソコン、PCサーバーに加えて、ストレージ、ネットワーク機器、セキュリティ、ソフトウェア、ソリューション・サービスその他の各種周辺機器などをビジネス顧客に販売している。

　そのデルに買収されたEMCも販売力をコア・コンピタンスとする企業であるが、むしろ大企業との関係性に強みがある。フォーチュン・グローバル500 (Fortune Global 500) に入るようなメガバンク、大手製造業、製薬メーカー、航空会社、大手運送業者などとの関係性を基に、幅広いシステム、ソフトウェア、製品群、統合ソリューションを提供している。

　キヤノンは、精密機械、精密工学、超小型電子技術におけるコア・コンピタンスを発揮して、商業印刷、産業機器、ネットワークカメラ、ヘルスケアの分野に事業領域を拡大している。

　ホンダの場合は、オートバイ、自動車、船外機、発電機、除雪車、芝刈り機、プライベートジェット機など多岐にわたる製品を展開しているが、燃費効率と信頼性の高い小型エンジンの開発と設計がコア・コンピタンスである。

　3Mの場合は、接着、研磨、接合という関連した分野における技術とスキルがベースとなって、紙やすり、ポストイット、磁気テープ、粘着テープ、写真フィルム等の多岐にわたる製品が生み出されてきたと考えられる。

　ゲイリー・ハメルとC・K・プラハラードは、コア・コンピタンス、コア・プロダクト、最終製品を次のように比喩を用いて説明している[3]（図表1-4）。

図表1-4　コア・コンピタンス

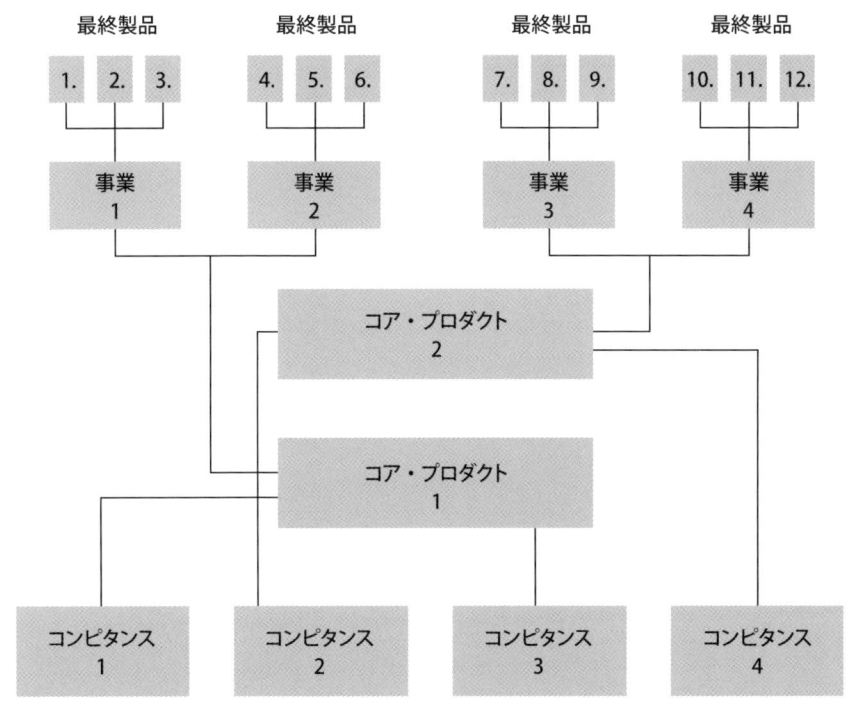

（出所）C. K. Prahalad and Gary Hamel（May/June1990）"The Core Competence of the Corporation," HBR.

　企業は木と同じで、根から育つと考えられる。企業における根がコア・コンピタンスで、これから栄養を吸収して幹が作られる。この幹にあたるものがコア・プロダクト＝中核部品である。

　コア・プロダクトとは、コア・コンピタンスと最終製品を目に見える形で結び付けるコンポーネントや半組立品のことである。コア・プロダクトを中核部品として活用しながら、各事業ユニットが果実としての製品を生み出していく。

3）Prahalad and Hamel（May/June 1990）"The Core Competence of the Corporation," *Harvard Business Review.*

キヤノンの場合は、精密機械、精密工学、超小型電子技術というコア・コンピタンスから生み出された「プリンター用エンジン」がコア・プロダクトである。

日立製作所にとっては、そのロゴのベースにもなっているモーターとその回転数を制御する装置であるインバーターがコア・プロダクトと考えられる。

エプソンの場合は、プリンターにとって不可欠なピエゾ、ジャイロ、水晶であろう。こうしたコア・プロダクトがオフィス用プロジェクター、家庭向けプリンター、業務用印刷機等の多岐にわたる製品に活用されている。

OEMとしての自動車メーカーに自動運転システムを提供しているTier1企業に関していえば、最終製品は自動運転システムであり、コア・プロダクトとしては、センシング・ユニット、コントロール・ユニット、そして制御ソフトウェアなどが挙げられる。

こうしたコア・プロダクトを支えるものが、センシング技術、電動化技術、システム開発力、モーター制御技術などのコア・コンピタンスである。

キヤノンの場合は、レーザー・プリンターという最終製品におけるシェアよりも、コア・プロダクトであるプリンター用エンジンにおけるシェアのほうが圧倒的に高い。いわゆるn倍化が可能であり、アナリストに高く評価されている理由の一つにもなっている。

2 Customers（顧客）分析

顧客に関する分析としては、市場セグメント、市場セグメントにおける主要な顧客のインサイト、そして主要顧客のニーズをご紹介する。

まず、買い手である顧客の集合体としての市場全体でとらえることから始めて、同じような選好を示すグループである、いわゆるセグメントの分析を行い、主要セグメントにおける個々の顧客ニーズを探索するという手順をお

勧めしたい。

●——市場セグメント

　セグメントについては、「サプライヤーによるマーケティング刺激に対する反応を説明（および予測）するうえで重要な共通的特徴を有する既存顧客または潜在顧客のグループ」と定義される[4]。要は、マーケッターのソリューションに対して同じような反応をする顧客の集合体と考えられる。

　市場全体というマクロの視点からスタートして、市場全体を同じような選好を示すグループに分け、セグメントごとの市場としての魅力度（セグメント潜在規模やセグメント成長性）と自社の適合度（セグメントごとの購買決定要因と自社の製品・サービスとの適合度やセグメント内自社シェア）で判断する。

　セグメントに分ける作業がセグメンテーション（市場細分化）であるが、B2B市場で用いられる市場細分化の変数は、B2C市場で用いられるものと異なる（図表1-5）。

　違いがわかるように以下にリストアップする。

　B2B市場におけるセグメンテーションで用いられる変数（例）
　①産業に関する市場細分化変数
　　・産業（製造業、建設業、運輸・通信業、サービス業）
　　・産業区分（自動車、鉄道、船舶、産業機械等）
　　・業態（CVS、GMS、百貨店、ディスカウントストア、ホームセンター、通販）
　　・業種（酒販店、電器店、薬局、青果店）
　②企業に関する市場細分化変数
　　・企業規模（大手、中堅、中小、零細）

---

4) Yoram Wind and Richard N. Cardozo (March 1974) "Industrial Market Segmentation," *Industrial Marketing Management 3.*

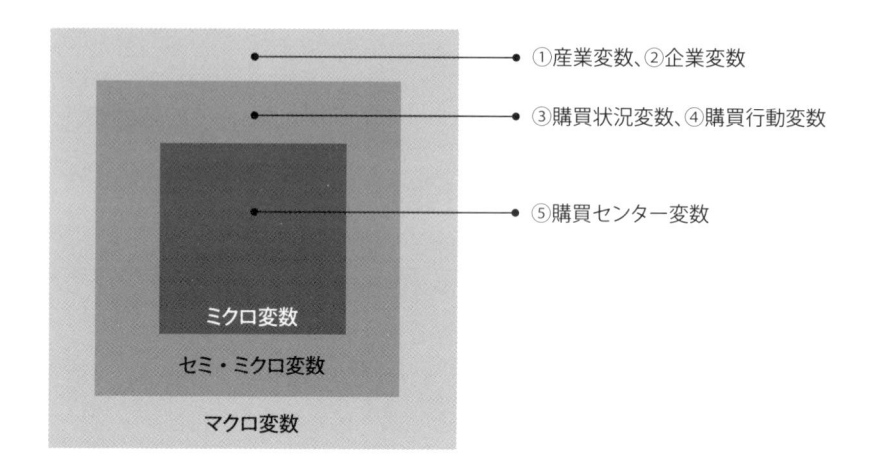

図表1-5　**B2B市場に関するセグメンテーションの変数**

（図中）

①産業変数、②企業変数

③購買状況変数、④購買行動変数

⑤購買センター変数

ミクロ変数

セミ・ミクロ変数

マクロ変数

・戦略的ポジション（リーダー、チャレンジャー、ニッチャー、フォロワー）

・対象市場（ハイエンド、ローエンド）

・競争戦略（差別化、コスト・リーダーシップ）

・地理的要素（所在地、国）

③購買状況に関する市場細分化変数

・購買状況（新規購買、修正再購買、単純再購買）

・知識レベル（購買経験の多い少ない、技術サポートの必要性等）

・関与レベル（購買対象物の重要度、それに対する逼迫性）

・購買決定プロセスの段階（初期、後期）

④購買行動に関する市場細分化変数

・ユーザー・ステータス（ユーザー、ノンユーザー）

・購買量/購買頻度（大口、中口、小口）

・購買機能（一元化、分散）

・購買革新性ステージ（革新者、初期採用者、前期大衆、後期大衆、遅

滞者）

・購買単価（マージン）

⑤購買センター（Buying Center＝Decision Making Unit）に関する市場
細分化変数

・購買戦略（差別化、コストダウン等）

・購買決定基準（品質、価格、納期、技術、サービス）

・ロイヤルティ（次も必ず取引する〜どちらともいえない〜次回は絶対
取引しない）

・リスク許容性（許容、忌避）

・購買センターの構成（購買、技術、生産担当）

・購買センターの規模・意思決定

これに対して、B2C市場で用いられるセグメンテーション要素としては次
のようなものが一般的である。

B2C市場におけるセグメンテーションで用いられる変数（例）
①人口統計変数：年齢、所得、性別、職業、階層
②購買行動変数：目的、購買頻度、購買経験、知識
③地理的変数：国、地域、都心、郊外、地方
④心理的変数：ライフスタイル、価値観、関与、態度、関心事、性格

次に、セグメントの魅力度を構成する要素として、市場としての魅力度
（セグメント潜在規模やセグメント成長性）と資源の適合度（セグメントごと
の購買決定要因[5]と自社の製品・サービスが適合している程度やセグメント
内自社シェア）で判断する。

必要に応じて、市場の魅力度として競争状況を考慮したり、資源適合度と

5）購買決定要因：品質、コスト・パフォーマンスなど、購買に際して重視される要素。Key Buying Factorsの省略形がKBFs。

	セグメント I	セグメント II	セグメント III	セグメント IV
セグメント潜在規模	●	●	△	×
セグメント成長性	●	△	●	△
資源適合度	●	△	△	△
自社シェア	●	×	×	●
その他	●	×	△	●

（セグメンテーション → ターゲティング → セグメントの第一候補 / ターゲット・セグメントとしての第一候補からはずれる → ターゲット・セグメント）

しての技術力、営業の実績などを評価軸に加えたりして、優先的に取り組むべきセグメントを絞り込む（図表1-6）。

　なお、市場分析に際しては、商業統計、自治体統計、各種年鑑、業界紙、新聞・雑誌、ウェブサイト記事などはもとより、有料にはなるが、帝国データバンク、東京商工リサーチ、会社四季報、D＆B Hoovers（ダンアンドブラッドストリート・フーバーズ）、Bureau van Dijk（ビューローヴァンダイク）、SPEEDA（スピーダ）などのデータ会社の企業リストを有効に活用したい。

◉──主要顧客のインサイト

　主要セグメントを把握した後は、その中の主要顧客のニーズを探索していきたいところであるが、いきなり顧客にニーズについて問いただしても、有益な回答が得られるとは限らない。「多くの場合、人は形にして見せてもらうまで、自分は何が欲しいのかわからない」（スティーブ・ジョブズ）ためである。

最近、消費者行動論の分野で「顧客インサイト」というキーワードが頻繁に語られるようになっている。顧客インサイトに関する各種定義[6]を整理すると以下のようになる。

An imaginative understanding of customer beliefs, values, habits, desires, motives, emotions or needs that you can feel by putting yourself in their shoes.

　直訳すると「顧客の立場になって感じることのできる、顧客の信念、価値観、習慣、願望、動機、情動、満たされない欲求」である。

　具体的なニーズを探索する前に、顧客インサイトについて考えておきたい。

　B2B市場における顧客インサイトを検討する際の視点として、マイケル・D・ハットとトーマス・W・スペイが示唆に富んだ指摘をしている[7]。彼らは、数ある要因の中から、組織による購買決定に特に大きいインパクトを与える要因として、①環境要因、②組織要因、③集団要因、④個人要因の4つを挙げている。

　　組織の購買行動＝f（環境要因、組織要因、集団要因、個人要因）

● 環境要因

　環境要因は基本戦略のベースになるものである。環境要因とは、具体的には、顧客を取り巻くマクロ環境（政治、経済、社会、技術、環境、法律など）、顧客の顧客（実際の利用者）のニーズ、顧客にとっての競合の動向、これに加えて、顧客にとっての自社の経営資源、特にコア・コンピタンスなどを検討することで、当該顧客企業の基本戦略をある程度推定することが可能になる。

6）Khosla and Sawhney（2014）*Fewer, Bigger, Bolder*, Portfolio/Penguin他を参照して要約。
7）Micheal D. Hutt and Thomas W. Speh（2012）*Business Marketing Management b2b*.

ちなみに、顧客、競合、自社を合わせて企業としてのミクロ環境[8]と呼ぶこともある。

● 組織要因

　次の要因が組織要因である。これは組織として設定した基本戦略を意味する。具体的には、事業領域（特に成長させたい重点領域）、その領域で達成したいシェア、売上目標、利益目標、競争戦略としての方向性（コスト・リーダーシップ vs. 差別化）などが含まれる。

　買い手の基本戦略は、売り手企業の絞り込みをする際の基準となる。購買センターの評価基準にも直接的、間接的に影響を及ぼすのみならず、メンバー間での相互作用の際のガイドラインとしても機能する。この基本戦略は言うまでもなく、一番目の要因である、企業の環境要因に大きく影響を受ける。

● 集団要因

　三番目の集団要因とは、購買センターを意味する。購買センターのメンバーとしていろいろな役割の存在が確認されているが、その中でも、特に影響力を持つ人物（いわゆる、キーパーソン）を見きわめておく必要がある。過去の実務上の経験から、以下のような点に留意することでキーパーソンの認識が可能になると考える。

・個人的利害関係を有する人。いわゆる関与レベルの高い人。例えば、新工場の生産設備の選定では、生産担当幹部が積極的に関与する場合が多い。
・経営の現場と強いつながりをもち、かつ経営の最上層部に直接アクセスできる人。いわゆる情報の結節点にいる人。
・専門知識レベルの高い人、他の人々の知識を上回るレベルの知識を所有

8）マクロ環境とは、事業の外部環境のうち、企業にとって統制不可能で、業界内の各企業とは無関係に生起する要素を指す。ミクロ環境には、需要状況、顧客動向、競合動向などが含まれる。企業経営に直接的に影響を与える要因となるが、企業に働きかけて影響を及ぼしていくことも可能な準統制可能要素と考えられる。

し、売り手企業の営業担当に対して、最も突っ込んだ質問をする人。

　キーパーソンを中心にメンバー間でどのような相互作用が行われ、集団としてどのような「購買決定基準」が設定されるかがポイントである。

● 個人要因

　個人要因とは、購買センターを構成するメンバー個人である。製品やサービスを含めた提供物の候補を比較する際に用いる個々人の「評価基準」とそのベースとなる「情報処理」を明らかにしておきたい。評価基準については、購買センターのメンバー間で大きく異なる可能性がある。

　ユーザーは、迅速なデリバリーや効率的サービスを評価し、エンジニアは製品の品質を重視するのに対して、購買担当者は価格競争力を重視する傾向が指摘される。

　メンバー一人ひとりが、購買に関する利害、売り手との付き合い、過去の購買経験、基本戦略の理解度、教育的なバックボーン、職歴、社歴などの点で異なっており、当然、提供物に対する評価や評価基準もメンバーによって違ったものになりがちである。その際には、キーパーソンの意向を押さえておくということと、当該事業部として想定される戦略方向をベースに議論を進めていくことが大事である。

　また、情報処理の仕方も立場や役割により異なることが指摘される。エンジニアは専門用語を基に情報処理するのに対して、経営幹部は経営の観点から情報を組み立てる。情報のソースもエンジニアの場合は、学会活動や業界紙、専門紙などが中心であるのに対して、経営層は多岐にわたる情報源にアクセスが可能である。

　組織による購買決定に、特に大きいインパクトを与える要因として、4つの要因を紹介したが、営業活動を展開する際の対象として、キーパーソンを中心に購買センターの主要なメンバーは押さえておきたいところである。また、

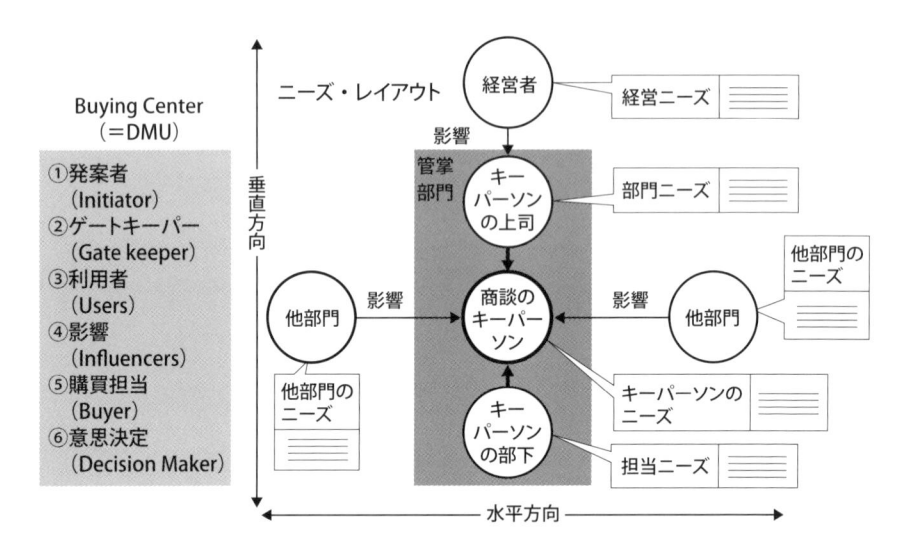

B2B市場における顧客インサイトを探索するという点では、対象とする顧客企業の基本戦略およびその背景としての環境要因を把握しておくことがきわめて重要と考えられる（図表1-7）。

◉──主要顧客ニーズ

Customers（顧客）分析の最後は、前述の顧客インサイトを踏まえながら、セグメント分析で明らかになった魅力的なグループにおける主要顧客の満たされないニーズ（英語ではこれをunmet needsという）を明らかにするプロセスである。

筆者のクライアントの中には、対象セグメントにおける主な顧客のニーズを探索するために、一年に最低一回という頻度を定めて、定期的に顧客満足度調査をサーベイという形で実施する企業もあれば、営業担当と技術担当がペアになって主要顧客を訪問して、購買センターを構成するキーパーソンを把握したうえで、その担当者の課題やニーズを直接吸い上げるようなシステ

図表1-8 旅行者のジャーニー・マップ（例）

カスタマー・ジャーニーのプロセス	問題を認識し、ニーズに目覚める	情報を探索し、代替案を比較し評価する	代替案から一案を選択し、予約する	購買後、実際のサービスを経験する	経験後に、事実に基づき滞在経験を語る
情報コンテンツ（心理、行動のベース）	家族、友人、専門家、仕事仲間などのエピソード、多岐にわたる刺激	旅行全体の行程、費用、ホテル、個々の観光スポットでの経験の価値、安全性、利便性等	見やすく、早く、判断しやすい情報	フロントでのチェック・インから始まる現地での経験（例：チェック・イン時間、料理の味、静かさ等）	ホテル、観光スポットでの経験談、満喫したこと、困ったことも含めたレビュー
探索手段（タッチ・ポイント）	SNS（フェイスブック、インスタグラム、ブログ）、ウェブサイト、ダイレクトメール、マス広告等	旅行代理店のカウンター、ウェブサイト、一休.com、Booking.com、TripAdvisor等	オンライン・トラベル・エージェント、旅行代理店、HIS、JTB、ウェブサイト	ウェブサイト、e-mail、SNS	SNS、ロイヤルティ・プログラム付きのe-mail、お客様ご意見箱

ムを実践している会社もある。

　また、観察調査の一種とも考えられるが、顧客の行動を時系列的にプロセス化し、タッチポイント別の行動や心理について分析する手法も多用されている。いわゆるカスタマー・ジャーニー・マップである。図表1-8は、旅行という商品（サービス）を購入する顧客のジャーニー・マップの例である。これはトラベル・エージェントのウェブサイトを設計・開発するコンサルタントならば、まず行いたい調査であろう。

　実際のニーズ探索の際に有用と考えられる調査手法を図表1-9にまとめておく。

　図表中のMROCとはマーケティング・リサーチ・オンライン・コミュニティのことで、「特定の製品ユーザー」や「戦略課題を共有する企業」などの共通の要素を持った企業の人たちを対象として、クローズドなメンバー限定

図表1-9　B2B市場における仮説探索型調査手法

目的 場所	革新的な製品や サービスの開発	顧客の動機や ニーズの深層理解	マーケティング施策に 対する反応の探索
業務現場での調査	√顧客訪問 √観察調査		
人を通した調査		√イン・デプス・イン タビュー（深層面接 法）	√アドバイザリー・パ ネル
デジタルチャネルを 通した調査	√MROC／オンライン・ コミュニティ		

　のリサーチ専用コミュニティをオンラインで設定するものである。

　そのコミュニティで特定のテーマについて自由に意見交換してもらい、これを分析することで顧客インサイトを探る調査手法である。メンバー間の会話のほか、プロトタイプの写真のアップロードやアンケートなどの協力も依頼することができる。定量的、定性的な情報を得ることが可能である。

　テキサス・インスツルメンツ（TI）のようにB2B企業の中でも、この手法を用いて実績を上げている企業は少なくない。

　アドバイザリー・パネルとは、外部の有識者や専門家等から構成されるグループのことであり、マーケティング施策に対する反応、経営全般や特定の課題について助言や評価を得ることを目的に形成されたものである。外部の潜在的な買い手企業の満たされないニーズを的確に把握すること、そして今後の事業環境の見通しについて意見を収集することは、きわめて重要である。

　グループをベースとするパネル調査を活用することで、専門家に対して個別に行う手法の欠点、つまり特定の専門家の見解に左右されやすいというマイナスの要素を補うことができる。研究開発志向の強いB2B企業を中心に多くの実例がある。

いずれの方法を用いるにしても、ニーズ調査に関しての基本的な手順はしっかり整理しておきたい。要点をまとめておく。

Step 1　調査目的の明確化
Step 2　調査手法の決定
Step 3　調査設計/質問項目の選択
Step 4　調査の実行/情報収集
Step 5　データ分析とまとめ
Step 6　調査報告

　顧客のニーズ探索で大事なのは、「顧客のジョブに焦点を当てることで、新たなニーズ、イノベーションのシーズが見えてくる」というクレイトン・M・クリステンセンのメッセージ[9]である。
　顧客に何が欲しいかを尋ねることではなく、顧客の達成しなければならない業務（jobs to be done）をベースに、顧客が何を必要とし、顧客がどのように働き、顧客が何を必要として、何に不便を感じているかということ、その優先順位を感じ取ることが大事と考える。顧客は何が欲しいかをはっきり述べることはできないかもしれないが、何が必要かを感じさせてくれるメッセージは現場にあることが多い。

3 ｜ Competitors（競合）分析

　競合に関する分析としては、まず売り手の集合体としての業界（英語ではこれをindustryと呼ぶ）の構造分析から入ることをお勧めしたい。その次に、業界の中でどのような戦略グループが形成されているかを明らかにし、最終

---

9) C. Christensen and M. Raynor (2013) *The Innovator's Solution, Creating and Sustaining Successful Growth*, Harvard Business School Publishing.

的には、戦略グループを同じくする競合他社、もしくは、注意を払っておく
べき個別のライバル会社の将来動向を推測するという流れで説明する。

●──業界構造

業界構造については、買い手の交渉力、売り手の交渉力、新規参入の脅威、
代替品の脅威、そして既存業者間の敵対関係という5つの要素で整理する。

B2B市場の場合は、前述のとおり、買い手としては民間企業、官公庁、機
関等が考えられるが、買い手の交渉力は、買い手に選択肢が多いか、売り手
を替えることのスイッチング・コストが高いかどうかで決まる。

同じような製品・サービスを提供している売り手が多いと当然買い手の交
渉力は強くなる。その極端なケースが、価格でしか差別化ができなくなって
しまったコモディティ製品を提供している場合である。

売り手とは、自社の製品やサービスを完成させるために必要な部品や原材
料を提供してくれているサプライヤーを意味する。サプライヤーの数がもと
もと少ない場合、あるいはサプライヤーの業界が寡占化を進めているような
場合は、売り手としてのサプライヤーの交渉力は強くなる。

また、買い手側にとって、サプライヤーを替えるコスト、いわゆるスイッ
チング・コストが高いとサプライヤーである売り手の交渉力は強くなる。

以前、監査法人業界のコンサルティングを実施した際、顧客満足度がかな
り低いにもかかわらず、ほぼ100%リピート受注になることに驚いたことがあ
る。これなども、顧客にとってスイッチング・コストが高いケースといえる。
新しい会計士に、業務内容、細かな会計上の手続き、会社の資産状況などを
一から説明しなくてはならないという時間的コストである。

新規参入の脅威とは、参入障壁がどの程度高いかということを意味する。
許認可制度で守られている業界や参入のための初期投資が高い業界の場合

は、新規参入の脅威は低いと考えられる。逆に、規制緩和は、直接参入障壁を低くするため、競争の誘発により今までの高い利益率が急激に低下することにもなりかねない。

　代替品が多ければ多いほど、業界の収益性は低下する。代替品とは、競合する製品そのものではないが、現在提供している製品そのものの存在意義をなくしてしまうような製品と考えられる。
　例えば、自動車向けのトランスミッションや燃料タンク、あるいはマフラーなどを製造しているような自動車部品メーカーにとってのEV化であり、タンカーやタンクローリーにとってのパイプラインであり、ワイヤー・ハーネスに対する無線システムの普及などである。

　最後に、直接競合関係にある既存業者間の関係を整理する。
　PLC[10]上の成長期においては、競合が参入してきても、市場自体が拡大しているので、それほど業界の収益性には影響がないと考えられる。
　成熟期になり、しかも下位の企業がシェア奪取する意図をもち、差別化でチャレンジしてくる場合は、リーダーもそれに対して差別化で対応することを迫られる等、収益を圧迫する要素が多くなる。

　以上が業界構造分析であるが、この業界構造分析は、英語で5 forces modelと呼ばれている。5つの要素を用いて業界全体のことを考察することで、製品やサービスにとどまらず、ビジネスモデル[11]そのものを考察する際の参考になると考える（図表1-10）。

---

10) Product Life Cycle.
11) 標的顧客セグメントとそれに提供する価値および提供するためのチャネルにとどまらず、価値を提供するために必要な資源とプロセス、提携先などの組み合わせを包括した概念。

図表1-10　**PC業界に関する業界構造分析（例）**

3. 新規参入の脅威

- EMSとして比較的少ない設備投資での参入可能
- 流通チャネルはe-commerceの活用が可能

2. 供給業者の交渉力

- マイクロ・プロセッサはインテルによるほぼ独占
- OS供給はマイクロソフトによるほぼ独占

5. 競争業者間の競争

- ハード中心の競争
- 測定可能な機能での競争
- +デザインによる差別化
- 一方向のスペック競争

1. 顧客の交渉力

- 顧客の知識レベルの向上
- +一部に高付加価値志向のユーザー存在
- 景気低迷による予算縮小
- +一部に根強いブランド志向

4. 代替製品・サービスの脅威

- スマートフォンの普及
- ウェアラブル端末の普及
- クラウドの普及
- AI、IoTの普及

●──戦略グループ

　次は業界内の競合他社の中でどこまでが本当に直接競争関係になるのかを、境界線を引いて分類する。いわゆる戦略グループ分析であるが、競合他社を分類する際に用いられる境界線の例として利益率とシェアの2つがある。

　シェアが高いということは、売上高が大きく、規模の経済で競争できる企業であり、利益率が高いということは、機能、デザイン、ブランド等、規模以外でも何らかの差別化戦略を展開している企業と想定される。自社がどのタイプかということにより、競合として意識すべき企業が明確になる（図表1-11）。

　戦略グループ分析のステップは以下のとおりである。

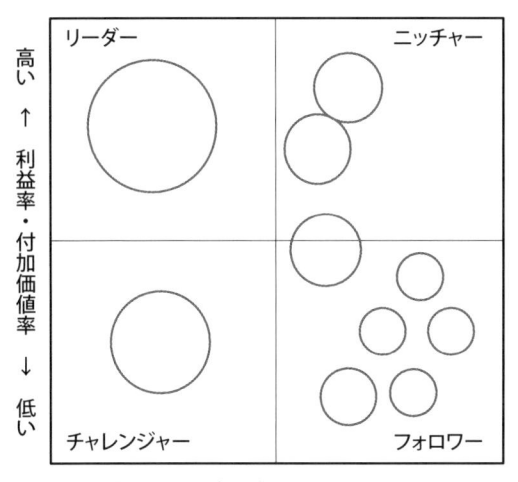

（注）円の大きさは利益額。

1. Y軸、X軸の戦略要素を選択（例、粗利益率、営業利益率、売上高、シェアなど）
2. Y軸、X軸のスケールを判断（中心の決定）
3. 各社のデータを抽出し、いずれかの象限にプロット
4. 売上を円の大きさで表示
5. 自社と他社の位置付けを検討

◉──競合の戦略（4Ps）

　最後は、自社と同じ戦略グループに入っている企業はもちろんのこと、将来的に競合しそうな他社に関する将来動向を推測する。競合分析に関しては、現状を把握すると同時に、既存および潜在的な競合の戦略的意図に注意を払いながら将来の行動を予測することが求められる。

　具体的には、競合他社の事業ビジョンや目標と現在の業績を比較し、事業

図表1-12　競合分析（例）

項目 ＼ 競争業者			
今後の事業領域／範囲			
ターゲット市場			
製品戦略			
価格戦略			
チャネル戦略			
プロモーション戦略			
営業活動			
その他（開発、生産等）			

として満足できる水準か、仮に水準以下であれば、それが現在の戦略の延長線上で達成できるのか、できないとしたら、新たな戦略を現在の経営資源・能力で打ち出し実施していくことが可能かどうか等を検討する。

　具体的には、今後の事業領域/範囲、ターゲット市場、製品・サービス（product）、価格（price）、チャネル/販路（place）、プロモーション/販促（promotion）、営業（personal selling）等を検討する（図表1-12）。

　なお、競合分析については、顧客、供給業者、調査会社等のありとあらゆるデータ・ソースを活用する。競合他社のウェブサイト、IR資料、特許情報、学会発表資料、有価証券報告書等のさまざまなデータを統合したうえで、業界のプロフェッショナルとしてのセンスでライバル企業の戦略方向を感じ取る必要がある。競合分析の項目およびデータ・ソースは図表1-13に示すとおりである。

図表1-13　競合に関するデータ・ソース（例）

データソース	情報媒体
競合自身	ウェブサイト 商品・サービスカタログ 会社紹介資料 IR向け資料 採用情報 展示会
メディア	新聞・雑誌・業界誌 白書・統計資料（官公庁、研究機関、民間調査機関） 業界団体会報・報告書 学会誌 特許情報（特許庁、独立行政法人） 採用広告（人材エージェント）
その他	顧客経由の情報 サプライヤー経由の情報 SNS

4　Context（マクロ環境）分析

　マクロ環境分析には、政治（Politics）、経済（Economy）、社会（Society）、技術（Technology）、環境（Environment）、法律（Law）などが含まれる。一般的には英語の頭文字をとって、PESTELというフレームワークでテキストなどには登場する。社会の根底に流れる大事な要素ということでContext（文脈）として、Customers、Competitors、Companyの3Csにプラスされて4Cs分析として定着している（図表1-14）。

　B2Bマーケティングを考えるうえで、マクロ環境をどのようにとらえたらよいのであろうか。顧客に価値を提供する際の制約要因としてとらえられるケースも多いが、本書では、フィリップ・コトラーらが指摘[12]するように、むしろ顧客に対して価値を創出していくための変化の起点と考えたい。

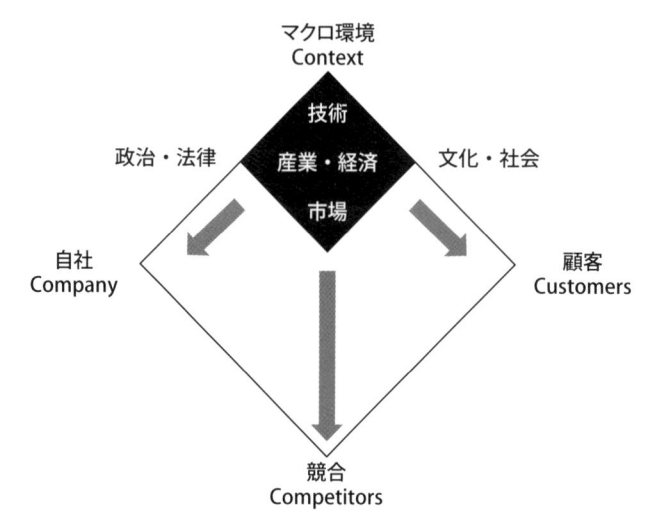

（出所）P. Kotler, H. Kartajaya, and H. D. Huan（2006）*Think ASEAN !*, McGraw-Hillを基に修正。

　具体的にはIoTやAIをはじめとする重要な技術トレンド、日本の目指すべき社会将来像（Society5.0）、それを支える第四次産業革命（Industry4.0）などに関する考察をマクロ環境分析としてしっかりカバーしておきたい。

●──マクロ環境要素

　マクロ環境を構成する要素、政治、経済、社会、技術、法律はどのように関係しているのであろうか。おそらくすべてが何らかの形で相互に影響を与え合っているものと想定されるが、第一次から第四次までの産業革命の展開から判断できるように、技術が起点となって社会に変化がもたらされることが多い。技術を企業や産業が活用することで市場に新しい価値を生み出すことができる。

12）P. Kotler, H. Kartajaya, and H. D. Huan（2006）*Think ASEAN !*, McGraw-Hill.

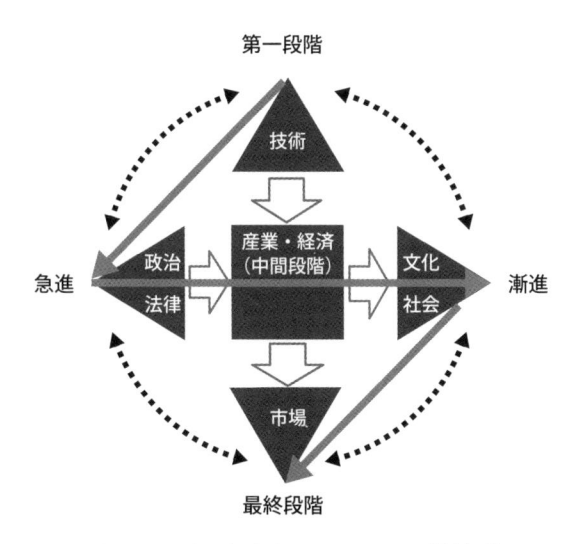

（出所）P. Kotler, H. Kartajaya, and H. D. Huan（2006）*Think ASEAN!*, McGraw-Hillを基に修正。

　この企業による活動が、効率的に、かつ効果的に顧客に対する価値創出につながればよいが、場合によっては、副作用とか公害という形で社会に負荷を生じさせてしまうケースがないわけではない。

　こうした際には、政治や法律が早急に是正活動を展開する。政治、法律による制御、調整がうまくいけば、最終的には技術によってもたらされた新たな行動様式が社会や文化の中で徐々に定着していくという流れである（図表1-15）。

◉── Industry4.0

　Industry4.0を支えているのは、IoT、AI[13]、ビッグデータと言われている。各種センサーによって収集されたビッグデータをAIで解析してロボットで自

13）AI（人工知能）に関しては、知能情報学（考える）、知覚情報学（見る・聞く）、知能ロボティクス（動く）という一連の機能を統合していく必要がある。

律的、自動的に解決していくという一連の技術である。データそのものが価値を生み出す源泉であり、各種のデータの取引市場も形成される。

　企業はこうした基盤の技術を取り込もうとする過程で、自社のコア・コンピタンスも変化させていくことになる。それが新たなコア・プロダクトや最終製品の提供につながっていく。

◉── Society5.0

　変化の起点としての技術についてコメントしたが、もう一つ理想的な社会をベースに技術を進化させていくアプローチも当然考えられる。いわゆるバックキャスティング[14]である。

　例えば、科学技術基本計画の中で紹介されているSociety5.0[15]が目指す理想は、「必要なもの・サービスを、必要な人に、必要なときに、必要なだけ提供し、社会のさまざまなニーズにきめ細かに対応でき、あらゆる人が質の高いサービスを受けられ、年齢、性別、地域、言語などの違いを乗り越え、活き活きと快適に暮らすことのできる"超スマート社会"」(第5期科学技術基本計画より)である。

　そこでは、快適な暮らし・街づくり・インフラ(消費生活)、高い生産性のモノづくり(生産システム)、イノベーション・エコ・システム(産業政策)、自由に安全に移動できる社会(移動システム)、生涯現役の健康長寿命(社会保障)というようなキーワードから象徴される理想社会が描かれている。

　仮に顧客が社会インフラ系の企業で、こうした企業に対する提案をしていく際は、Society5.0で記述されている理想社会を念頭に、顧客企業の戦略のあるべき方向性を推測しながら、その実現を支援するソリューションを検討する。

---

14) 理想の未来の状態を想定し、そこを起点に現在を分析し、理想を実現するために今から何をしていくべきかを考える方法で、いわば未来を起点とした発想法である。

15) Society5.0は政府の総合科学技術・イノベーション会議で検討され、2016年1月に閣議決定された2016年度から5年間の科学技術政策の基本指針「第5期科学技術基本計画」の中で使われている言葉。狩猟社会、農耕社会、工業社会、情報社会に続くような新たな社会を生み出す変革を科学技術イノベーションが先導していく、という意味を持つと考えられる。

自社の有しているコア・コンピタンス、コア・プロダクト、これから必要とされる新たな技術を整理しながら、これからの社会の変化と顧客企業の戦略を明確にし、最終的には両者を結び付けていく。

　これは、自社の有しているシーズと顧客のニーズを統合させるプロセスそのものである。

5 ｜ 4Cs分析と情報収集

　情報収集に関するアプローチとして、マーケティング・リサーチとマーケティング・インテリジェンスの2つに言及しておきたい。

　マーケティング・リサーチは、特定の問題や課題もしくは、プロジェクトに焦点を絞って行う調査である。

　一方のマーケティング・インテリジェンスはマーケティング情報に関する継続的な収集と分析のことであり、特定化、具体化されていないという意味で、潜在的なマーケティング課題に適用される。必要とされる情報としては、マーケティング環境に関するさまざまな情報（例えば、市場、競合、経済、技術等）が挙げられる。

　マーケティングのどのような内容（例えば、製品、価格、販路、販促）に対して、どのような機能（例えば、仮説探索・検証、戦略策定・統制）を遂行するための情報なのかということを考慮して、信頼性と重要性が担保される形で、制約性も考慮に入れながら収集しておく（図表1-16）。

　情報源としては以下のものが挙げられる。二次的データ、社内データ・ベース（営業チーム、開発チーム他）、顧客、サプライヤー、業界専門家、正式なマーケット・リサーチなど。マーケティング・インテリジェンスの構築に関しては、営業やマーケティングのみならず、研究開発、財務、経営企画等の部門が協力して取り組むことが大切であることは言うまでもない。

図表1-16 マーケティングに必要な情報と評価の視点

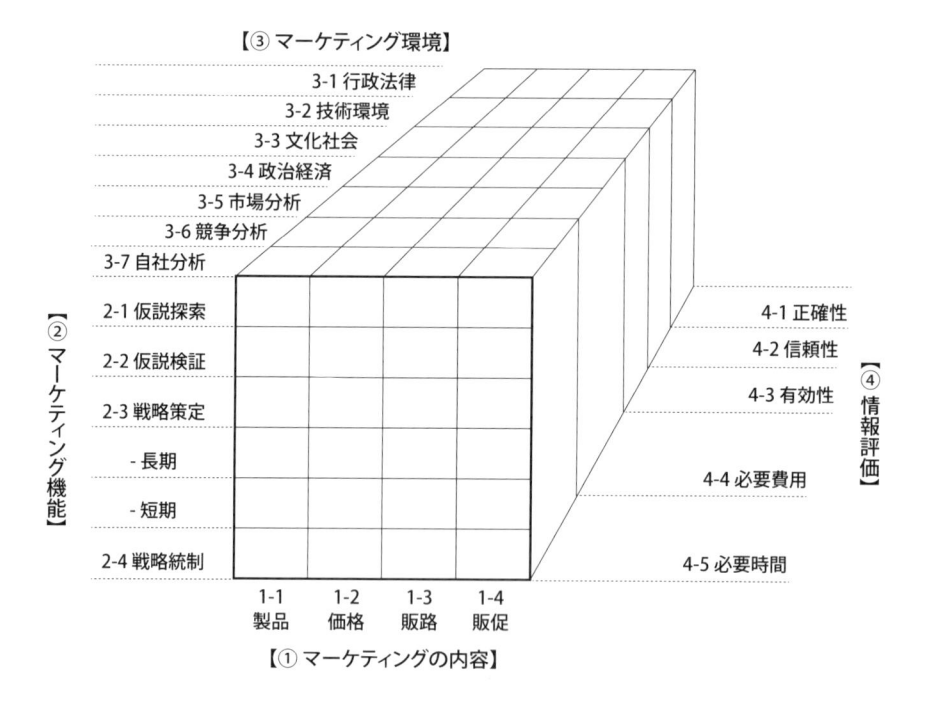

6 | SWOT（クロス）分析

　分析の流れとしては、4C分析を行った後で、制御可能で＋（プラス）に作用する要素として、Strengths（強み）、制御可能で－（マイナス）に作用する要素としてWeaknesses（弱み）、制御が不可能で＋に作用する要素としてOpportunities（機会）、制御が不可能で－に作用する要素としてThreats（脅威）の4つのカテゴリー、いわゆるSWOT（強み・弱み・機会・脅威）として整理する。

　さらに、S×O、W×O、S×T、W×Tの組み合わせで、戦略オプション

図表1-17　4C分析のまとめとしてのSWOT分析（イメージ）

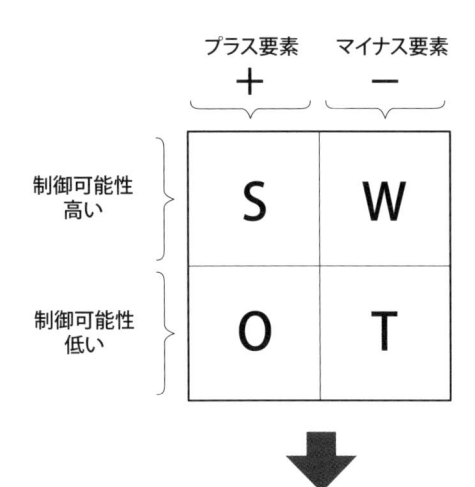

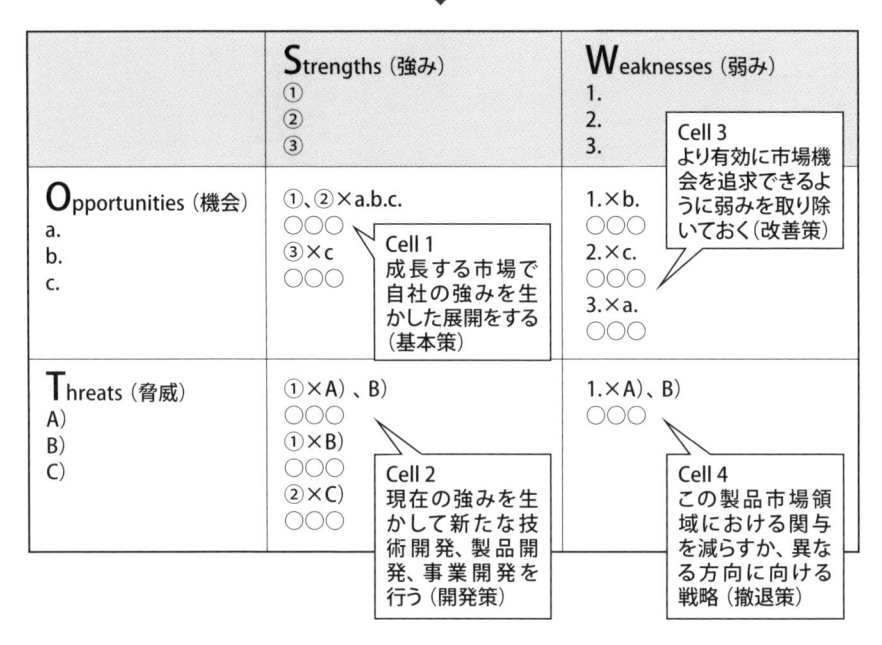

を検討しておきたい。特にＳ×Ｏの組み合わせは重要で、成長する事業領域で自社の強みを生かした競争戦略を展開するような内容である。当該事業に関するB2Bマーケティングとしての基本戦略を明確にする作業といってもよい（図表1-17）。

第 2 章

基本方向

事業目標、事業領域、競争戦略を定める

Clarifying the Basic Direction
by Defining Domain,
Competitive Position and Goals

本章では、基本方向として、事業目標（売上、利益、市場シェア）、その目標を達成していくための事業領域について、比較的最近の学説を踏まえて解説する。

　さらに新事業領域における展開について独自のリサーチ結果を踏まえてコメントしたうえで、当該事業領域における価値創出に関する基本原則を競争戦略として述べる。

1 事業目標

　SWOT分析の実施により、計画期間内における企業目標（現実的で、かつ、具体的なレベル）の設定が可能になる。

　現状分析によって、現在の事業領域（提供する製品と対象となっている市場で定義される）の規模や今後の成長性がある程度明らかになっているはずで、あとは、競合他社に対する自社の相対的優位性が想定できれば、成り行きベースでの売上目標を設定することができる。具体的には、以下の算式で自社の売上げポテンシャルが推定できる。

　　市場規模×成長率×シェア[1]

　目標は、売上高のほか利益額、市場シェア等の指標で設定されることが多いが、目標を実際の経営において意味のあるものにするための基本的な要件として、SMARTの頭文字で始まる以下の5つが挙げられる。

　・Specific（明確に）
　・Measurable（数字で）

1）競合に対する自社の相対的優位性から推定。

・Achievable（達成可能な範囲で）

・Result-oriented（結果指標で）

・Time-bound（時間を区切って）

　要は、目標は、明確に数字を用いて、達成可能な範囲で、かつ結果指標で時間を限定して設定すべきという意味である。俗にいう、頭文字をとって、"SMARTに！"である。

　目標設定については、さらに高度な考え方がある。これは、シリコンバレーでよく耳にしたフレーズであるが、BHAGs（big, hairy, audacious, goals）である。これも、直訳すると以下のようになる。

目標は、

・大きく

・険しい

・大胆不敵なレベルで！

　安易な目標を設定するのではなく、険しいけれど、大きな目標を大胆に設定したほうが、大きなエネルギーや革新的な発想を醸成することになり、結果として企業は成長するという考え方である。多少異なる考えであるが、参考にされたい。

2 ｜ 事業領域

　戦略策定をあくまでもプロセスとしてとらえると、理念を意識しながら現状分析を行い、目標を設定した後にそれを達成するための事業領域を選択するという流れになる。

　しかしながら、実際のところは、現状分析の一つである、市場分析を通し

て、顧客や市場の満たされないニーズを感じつつ、自社のコア・コンピタンスと競合他社の動向なども意識しながら、対象市場とそれに対して提供する仮説的な提供物を同時に連動させながら明確にしていく。その過程で現実的な目標が設定され、あるいは目標の妥当性が確認されることになる。

つまり、インプットとしての分析が終了した段階で、アウトプットとしての目標や事業領域が一発で決まるというような明確な順序ではない。

現状に関する分析作業と仮説の立案作業を何度も繰り返しながら、場合によってはその作業を同時並行的に進めながら、仮説を固めていく。このプロセスを、費やす時間（t）とその成果（p）をグラフにして表現してみても、決して45度の角度で直線的に進んでいくというイメージにはならない。

最初は試行錯誤しながら後半に指数関数的に戦略要素の全体が明確になっていくこともある。

一般的には、試行錯誤する段階と順調に進む段階を繰り返しながら、場合によってはリード・ユーザー[2]的な顧客との相互作用によって、従来の製品の内容を大きく変えるヒントをもらいながら、時には大胆に、時には従来の延長線上で、枠組みを作っていくイメージである。

◉──従来の枠組みによる成長

まずは、従来からの延長線上で検討してみたい。繰り返しになるが、事業領域は競争空間を定義したものである。提供する製品とそれが提供される市場で定義されることが多く、英語では、product-market（growth）matrix、省略してPMMと呼ばれるフレームワークで整理する。

一般的にはx軸に市場、y軸に製品の2軸を用いて製品・市場マトリックスにする。市場とは顧客の集合体であり、製品を提供することでニーズを充足

2）リード・ユーザーとは先端的なユーザーのことであり、B2B市場では、リード・ユーザーとの相互作用を通して事業機会の探索が行われることが少なくない。売り手以上に技術力を持っているユーザーも多く、売り手から調達した産業財を独自に改良して使用したり、厳しい要求を売り手に求めてくることもある。こうしたユーザーとのやり取りが、売り手の製品市場領域の形成に大きく影響することも少なくない。

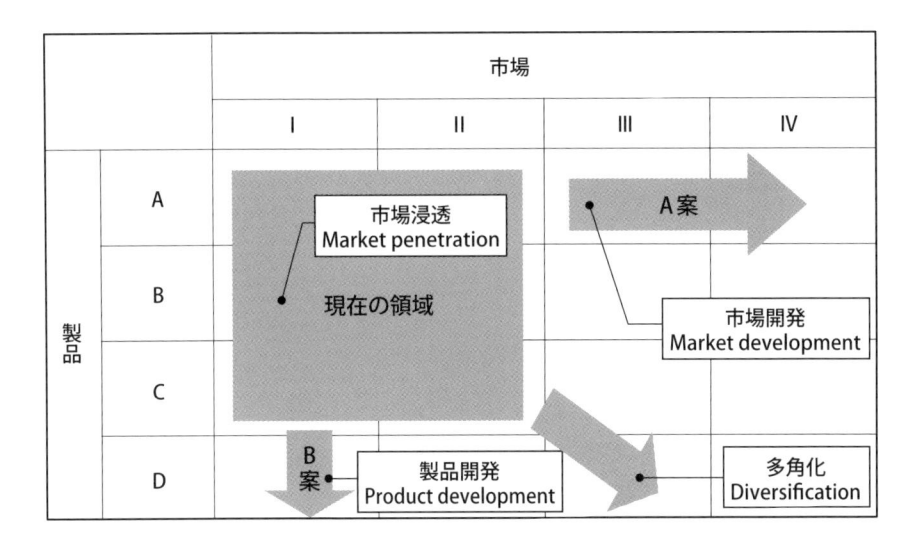

させるべき対象（target customers to be satisfied）である。実際の顧客の
みならず潜在顧客も含まれる。

　製品は、顧客のニーズを充足するために提供する（what to offer）そのも
のであり、製品、サービス、ソリューション等が含まれる（図表2-1）。

　仮に現在の領域に十分成長ポテンシャルがあるということであれば、新た
に方向性を定めたり、変更したりする必要はない。市場浸透をしっかり進め
るということで現在と同じ事業領域を選択する。この領域における目標達成
可能性の確からしさをチェックしておきたい。

　既存領域において前年対比で売上をアップさせるためには、まず、解約率
を下げる（顧客維持率のアップ）、顧客内シェアをアップさせる（顧客浸透率
アップ）、単価を上げる（値上げ）ということを検討する。これで売上が達成
できないということであれば、アップ・セル（上位機種の販売）、クロス・セ
ル（抱き合わせ販売）、ソリューション・セル（問題解決のために必要なもの
を丸ごと提供）、さらには新規顧客開発などがある（図表2-2）。

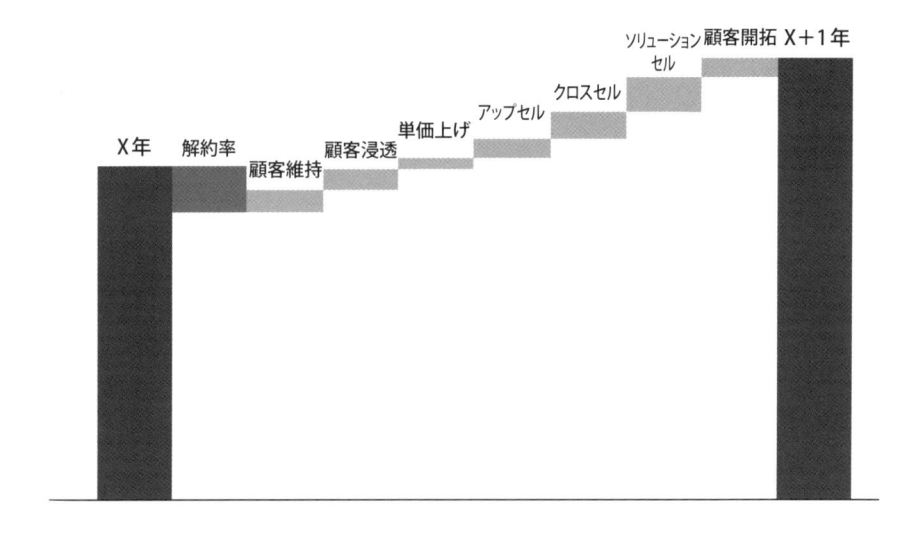
図表2-2　目標達成領域と成長オプション

　こうしたオプションで目標売上の達成が困難と判断された場合は、既存の製品を新たな市場に投入することで成長を志向する市場開発戦略が考えられる。例えば国内民間企業を中心に事業展開をしてきたB2B企業が、アジア市場に進出したり、同じ国内でも民間企業から国や県等の公共団体に市場を拡大するような場合である。

　もう一つの選択肢が、現在の顧客市場に新しいオファーをしていく戦略、いわゆる製品開発戦略である。例えば、システムを構築する際に、サーバーやネットワーク機器を購入して、自社の建物内に設置・運用していくことをオンプレミスあるいは自社運用型と呼んでいるが、このオンプレミスという製品に変えて、インターネット上の外部リソースであるクラウドコンピューティングで同様のICTシステムを構築するサービスを提供するような転換である。

　もう一つの成長シナリオが、以上の2つの方向性を同時に展開する、いわゆる多角化である。

◉──枠組みの変更による成長

　マーケティング担当者が直面する最大の難問の一つは、マーケティング活動を展開すべき事業領域をどう定義すべきかということである。定義した事業領域が狭すぎれば潜在的チャンスが制限されてしまう。

　極端なケースでいえば、一社のみに適応した設計でn倍化しようにもできないような受注の仕方である。逆に広すぎればマス・マーケティングの思考につながり、しっかりした現状分析もきめ細かい営業活動もほとんど意味のないものに思えてくる。

　先ほどの事例は、提供製品をオンプレミスからクラウドへ拡大し、市場を民間から自治体へ、もしくは国内からアジアでという、x軸もy軸も現在の事業領域の延長線上での拡大である。従来の事業定義の枠組みをそれほど変えずに発展的に成長領域を拡大する戦略である。

　本章では、これに加えて、従来の枠組みを組み替えて成長を志向する考え方にも言及しておきたい。つまりx軸もy軸も従来の延長線上にはない要素を用いて、事業領域の枠組みを大きく変えるようなアプローチである。比較的最近の研究成果の中から実務分野で活用可能なものを紹介する。

　まず、GEの事例を見ていただきたい。GEの元CEO、ジャック・ウェルチの指揮の下、GEは大幅に売り上げを拡大させた。ウェルチは著書[3] の中で事業拡大に関して次のように記述している。

> 「私は各事業部門に、それぞれの事業を再定義し、新しい思考を1ページ、あるいは2ページにまとめて提出するよう求めました。GEは1981年の約1,150億ドルという市場定義に始まり、今日では市場定義は1兆ドルに達し、成長の余地を十分に与えています。」

---

3) J. Welch（2001）*Jack: Straight from the Gut*, Warner Books.

GEの電力システム事業を例にとると、以前は、この事業部では、主に予備部品を提供し、同社の技術を基に修理を行うことを事業部門のサービスと考えていた。この定義によれば、同事業部門は27億米ドルという領域の63％のシェアをすでに占めていたことになる。それが発電所のメンテナンス全体を含めて事業を再定義したことで、同事業部のシェアは170億米ドルという大きな事業領域のたったの10％になった。

　事業の定義をさらに広げ、燃料、電力、在庫管理、資産管理、金融サービスを含めると、潜在市場は1,700億米ドルと見積もられ、GEの同市場におけるシェアは約1％ということになる。ウェルチによれば、この市場の再定義が、売り上げを1995年の700億米ドルから2000年には1,300億米ドルへと倍増させることに貢献したという。

　ウェルチから経営を引き継いだジェフ・イメルトは、サービス事業、ソリューション・ビジネスを推進し、市場としては、グローバル領域の強化を図り、GEの業績をさらに拡大させた。

　GE同様、IBMは"Solutions for a small planet"というメッセージに象徴されるように、事業領域の重点を従来のハード系の製品から、ビジネス上のソリューション（問題解決）へと移しており、サービス部門やコンサルティング部門の人員が大幅に増強されている。同様にデュポンは化学品から、高機能素材メーカー、さらには生命科学分野のリーダーとして変革しつつある。

　ゼロックスについても、コピー機メーカーから、印刷会社、ドキュメント・カンパニー、ICT企業、ビジネス・プロセスのコンサルティング企業というさまざまな可能性を探索しているように感じられる。

　事業領域を定義する要素である提供物（PMMのy軸）と対象市場（PMMのx軸）については、大きな枠組みから小さな枠組みまで多様な可能性がある。

　「第1章　現状分析」の事業領域のところで触れたように、提供物であるy

	y軸 (提供物)	x軸 (顧客市場)
広い ↑ ↓ 狭い	汎用製品 (例：コンピューター関連…)	地理的要素 (例：国内、アジア、US、EU…)
	関連製品 (例：業務用ソフト…)	業界区分 (例：小売、金融、製造、公共…)
	特定製品 (例：販売自動化ソフト…)	企業属性 (例：大企業、中堅、中小…)

軸に関しても、対象市場であるx軸に関しても、定義の仕方については、いくつかの段階がある。

　大きめに事業を定義すると、「コンピューター関連（ハード、ソフト、サービス）を国内市場およびアジア市場に展開する」という定義になり、かなり漠然とした感じになる。逆に小さめに、「販売自動化ソフトを国内の中小金融機関に販売する事業」として設定することもできる。この定義でもICTベンチャーであれば、十分大きな顧客基盤になるかもしれない。

　しかし、一般的には事業領域が狭すぎると潜在的機会が制限され、逆に広すぎると、顧客の絞り込みや提供価値を含めて思考が拡散してしまい戦略的なアプローチがとりにくくなってしまう（図表2-3）。

　顧客は一般的には、売り手企業を選択する際に、どの売り手企業が自社のニーズを最もよく満たしてくれるのかということを考えるはずである。したがって、売り手からすると、自社を最初に思い浮かべてもらえる（つまりtop of mindが維持できる）ような範囲で事業を定義するとよいということになる。これが実用的で、かつ自社資源に最適な事業の定義を行うためのポイントである。

　具体的に考えてみたい。例えば、病院向けの電子カルテを開発している大

手ICT企業のケースで考えると、コンピューター関連製品をアジア全体で展開するという事業領域では、top of mindを維持することは難しい。

　一般的には汎用製品とグローバル市場の組み合わせでは、マーケティング・マイオピア[4]を避けることができる一方で、マス・マーケティングの思考になりがちで、実用的な戦略を立てにくくなる可能性がある。

　逆に、国内大手病院向け電子カルテ事業と定義したらどうだろうか。おそらく、病院として必要な、エネルギー中央管理システムや胎児監視装置システム等の新しいニーズにはかかわりのない営業展開をすることになる。医療機関向けの業務システム事業くらいの定義でどうだろうか。提供物としてのx軸は関連製品のレベルで、市場としてのy軸は業界を単位として事業領域を定義するイメージである（図表2-4）。

　販売自動化の分野で開発をしているソフトウェア開発ベンチャーの場合は、名刺管理システムと定義するか、販売自動化（セールス・オートメーション）ソフトウェアと定義するか、営業支援コンサルティング事業と定義するかによって、顧客市場の選択から営業活動の仕方まで異なってくる。

　少なくとも事業を名刺管理システムと定義してしまうと、販売サイクルにおけるリード・ジェネレーション（引き合い）からアフター・サービスまでの工程を管理するための機会を失うことになる。

　将来的な発展可能性を考えると、顧客連絡先管理、販売プロセス管理、販売予測、サービス提案などを統合して営業支援するシステム開発くらいのレベルでの定義が望ましいのではないだろうか。繰り返しになるが、top of mindが維持できて、かつ今後出てくるであろう機会を十分取り込めるような広がりで事業の範囲を設定することが肝要である。

---

4) Marketing myopia：米国のマーケティング学者セオドア・レビットが提唱した言葉であり、自社の事業領域を狭く解釈しすぎて、変化への対応力を失ってしまうような、近視眼的（マイオピア）マーケティングを指す。例えばアメリカの鉄道企業は事業領域を鉄道産業という狭い視野でしかとらえなかったことが衰退の大きな原因と考えることができる。

図表2-4　事業領域の設定オプション（例）

要素		ICT企業	調査会社	重電メーカー	印刷機メーカー
x軸	大	国内市場	民間企業	中南米	国内企業
	中	金融業界	小売業界	電力会社	印刷業界
	小	メガバンク	食品スーパー	IPP	中小印刷会社
y軸	大	ICT	専門サービス	社会インフラ	生産設備
	中	クラウド	経営情報	発電設備	印刷機関連
	小	SaaS	市場調査	タービン	デジタル印刷機

◉──グローバルの枠組みによる成長

　最後に、日本におけるB2B企業の最近の課題の一つであるグローバル展開について述べておきたい。

　前述のとおり、B2B市場では企業のニーズは個々に異なる傾向はあるものの、意思決定のベースが合理的であり、地域ごとに存在する社会的、文化的価値観のようなものに影響される度合いはB2C市場に比べるときわめて限定的である。したがって当初から計画していたターゲット市場と提供価値を、国ごとに修正することなく、グローバル展開することが可能な場合も少なくない。

　この点からグローバル市場への展開はB2B企業の成長シナリオとして現実的な選択肢の一つと考えられる。

　グローバル展開を考える際、マーケティング投資が、その国の市場における売上拡大にどのように影響するかを考えておきたい。マーケティング投資に対する売上拡大のインパクトがS字曲線的に効いてくるものか、凹型的な効果しかないかということによって、国を横断する形で市場を拡大していく戦略（これを分散戦略と呼ぶ）を採用するか、それとも特定の国に限定して市場を深掘りする戦略（これを集中戦略と呼ぶ）に徹すべきかを検討すると

図表2-5　販売努力反応関数

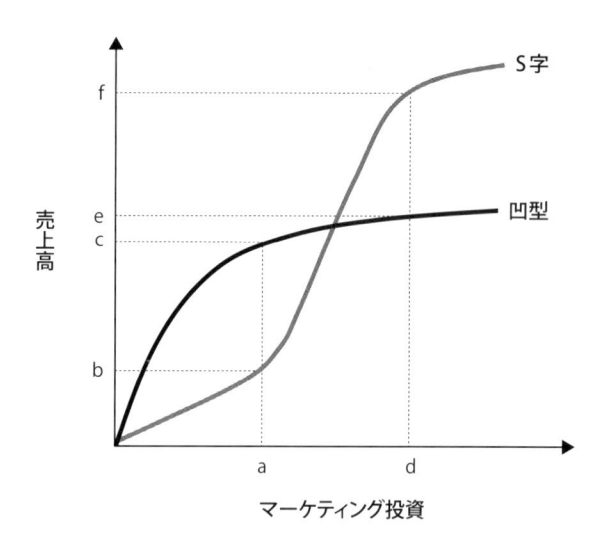

（出所）Ilan Alon and Eugene Jaffe（2013）*Global Marketing*, McGraw-Hillを基に筆者修正。

よい[5]。

　図表2-5のaレベルのマーケティング努力に対して、S字の市場では売上高はbであるのに対して、凹型市場であればcの売上高となる。比較的少ない努力で凹型の市場では効果が出る。それに対して、マーケティング投資をdまで拡大するとS字市場はfまで売上高が伸びるのに対して、凹型の場合はeまでしか伸びない。

　0からaまでの努力に比べると、aからdのレベルまでの努力は、凹型市場ではe-cとなりきわめて限定的である。同じ努力を投下した場合、S字市場の場合はf-bの売上となり大きな効果が期待される。

5) Ilan Alon, Eugene Jaffe with Donata Vianelli, *Global Marketing*, McGraw-Hill. 笠原英一（解説・訳）（2017）『グローバル戦略市場経営―グローバル展開とマーケティング・マネジメントの統合』白桃書房。

ある特定の国における販売努力反応関数がS字型であれば、そこにマーケティング資源を集中させる集中戦略が望ましい。S字で伸びる市場におけるシェアをしっかり維持・拡大していく戦略である。

　これに対して、ターゲットとして設定した市場が、販売努力反応関数でいうと凹型の市場である場合は、マーケティング投資が初期には効くものの、もともと市場規模が小さい等の理由から継続的に投資しても、限界収入は低く、市場の発展にはつながらないことが想定される。凹型市場が多い場合は、国横断的に市場を拡大していく戦略が有効と考えられる。

　グローバル展開の基本方向を決定する際には、販売努力反応関数以外にも以下の要素を検討することをお勧めしたい。市場の成長性、市場の安定性、持続的競争優位性、製品を現地仕様に適応させる必要性などが高い場合は、特定の国・地域に絞って集中戦略を遂行することになる。そうでない場合は、分散戦略で多くの市場にマーケティング努力を配分して効率的にリターンを積み重ねていくほうが高い成果を期待できると考える。

3 新事業領域における成功ポイント

　前項では、B2B企業の事業領域の定義に関する可能性について検討したが、実際に新しい市場や新しい製品の領域、あるいは、その両方を含む事業を展開するような場合、従来の事業に比べて未知な要素が多く含まれることになるため、結果として生じる不確実性に対するマネジメントが必要になる。少し前になるが、新事業開発の仕組みに関して実施した調査研究[6] のポイントを紹介する。

　まず方法論についてであるが、本研究を始めるにあたり、先行研究を2次

---

6) 笠原、原島、中島（2016）『新事業開発のプログラムにおける営業と技術による相互作用的仮説検証プロセスの有用性に関する調査研究』、研究・イノベーション学会 第31回年次学術大会。

資料ベースでチェックして、加えて新事業開発を行っているB2B企業のチームにヒアリング調査を実施した。そのうえで仮説を設定し検証した。具体的には以下のとおりである。

①先行研究のレビュー
②ヒアリング調査
③仮説設定
④仮説検証

先行研究については組織論、戦略論、起業論、研究開発論を中心にレビューした。言うまでもなく、新事業を成功させるためには、その推進主体としての組織に関する考察が不可欠である。組織を構造としてとらえるのではなく、包括的な概念として拡大的に解釈するモデルがある。

トム・ピーターズは、組織というものは、価値観の共有（Shared values）、戦略（Strategy）、構造（Structure）、管理システム（Systems）、人材（Staff）、技能・技術（Skills）、企業文化（Style）の7つの要素からなるとした。これが、7Sモデルである[7]。この考え方によると組織は、組織体であり、7つの要素が有機的に影響しあいながら、新しい環境に適応していくと考えることができる。

ヘンリー・ミンツバーグは、企業は成長するにつれて、中心となっている市場へ効率的に適応するために、組織の構造、管理システム、企業文化を進化させていくと指摘している[8]。

新事業と既存事業では、不確実性としてのリスクのレベルが違うことをはじめとして、本質的に大きく異なっている。したがって、新事業開発を推進

---

7) A Brief History of the 7-S ("McKinsey 7-S") Model.
http://tompeters.com/2011/03/a-brief-history-of-the-7-s-mckinsey-7-s-model/
8) H. Mintzberg (1979) *The Structuring of Organizations*, Prentice-Hall.

する際には、7つのSに関しても、既存事業のものとは異なるものとして意識的に考えていかなければ、事業の成功に悪い影響が出る。

　そういう意味からも、起業論、例えばZimmerer and Scarborough（1996）[9]などでは、新事業を成功させるための要件として企業体としてのマネジメントの重要性が論じられている。

　しかし、新事業開発プロジェクトを成功させるためには、起業風土の醸成、起業家のスキル開発も含めて、組織体を作るだけでは十分とは言えないのではないかというのが、我々の問題意識のベースにあった。

　同じような背景からコーポレート・アントレプレナーシップ（社内起業成長戦略）としての新事業開発には、「新規ビジネス設計の初期段階に利用できる枠組みやツールの提供」や「経営環境や目標に基づいた起業プログラム」が重要であることをWolcott and Lippitz（2009）は指摘する[10]。

　また、この新事業開発に関して、成功確率を高める方法として、新事業開発のプロセスが各種マーケティングや製品開発のテキストで紹介されている。例えば、Kotler（2003）[11]、Crawford and Benedetto（2000）[12]、Thomas（1993）[13]である。要約すると以下のようになる。

　アイデア創出およびスクリーニング→コンセプト開発およびコンセプトテスト→マーケティング戦略策定および事業性評価→製品開発および市場テスト→事業化。

　本研究に先立ち、大手印刷会社の新事業企画チーム、大手電機メーカーの

---

9) T. Zimmerer and N. Scarborough（1996）*Entrepreneurship and New Venture Formation*, Prentice Hall.

10) R. Wolcott and M. Lippitz（2009）*Grow from Within*, McGraw-Hill.

11) P. Kotler（2003）*Marketing Management*, Prentice Hall.

12) C. M. Crawford and C. A. Di Benedetto（2000）*New Products Management*, Irwin McGraw-Hill.

13) R. Thomas（1993）*New Product Development*, John Wiley & Sons.

構成要素（8Ss）		Project A	Project B	Project C
ビジョン	Shared Values	○	△	○
戦略	Scope of business	○	△	○
組織	Structure	○	○	○
資金供給	Supplying money	○	○	○
人材	Skilled staff	△	△	○
プログラム	Series of planned events	×	×	○
制度	Systems	△	△	○
風土文化	Style	×	△	○
成功	Success	△	×	○

新事業開発チーム、米国ICT企業の新事業推進部に対して、個別にインデプ
ス・インタビュー（訪問面接調査）を実施した。前述の7つのSに、プログラ
ム（新規事業推進プログラム）を加えて、8つの要素[14]からなるモデルを作
り、各構成要素の充足レベルと新事業開発結果の成否をまとめた（図表2-
6）。

　ここでは、プログラムについては、「あらかじめ定められた推進ステップと
ツールやフレームワークの複合体で、新事業推進のガイドラインとなるもの」
と定義する。3社に対するヒアリング調査からも、「あらかじめ定められた推
進ステップとツールやフレームワークの複合体で、新事業推進のガイドライ
ンとなるもの」としてのプログラムの重要性が指摘された。

　先行研究レビューおよび事前のヒアリング調査から以下の仮説を設定した。

---

14) ビジョン：ありたい姿、戦略：新事業開発の方向性や事業領域、組織：新事業推進を主管する部
　門、資金供給：資金の供給、人材：スキルをもった人材、プログラム：あらかじめ定められた推進
　ステップとツールやフレームワークの複合体で、新事業推進のガイドラインとなるもの、制度：新
　事業を推進する人を評価する仕組み、風土文化：新事業を率先して実施していく文化。

仮説：新事業開発において、新事業を推進するためのガイドラインとして、てのプログラムがある場合は、ない場合に比べて成功確率が高くなる。

　最後に、仮説を検証するために調査会社を通してアンケート調査を行った。予備調査で日本国内のB2B分野に勤務しており、過去10年以内に自社の新規事業に主体的にかかわった担当者を抽出し、そこからさらに300名の回答（うち有効回答216)[15] を集計した。

　この仮説について、新規事業の推進において事業開発システムの構成要素を備えていたと答えたpositiveグループと備えていなかったと答えたnegativeグループという2つのグループに分けた。そして、計画した目標が達成されたかどうかを成功・不成功として判断してもらい、成功したと判断した担当者の割合を成功率として算出し、カイ2乗検定でグループ間に有意な差が出ているかどうかを検証した。その結果をまとめたものが図表2-7である。
　プログラムの構成要素として挙げた3つの項目については、すべて有意差が確認された。よって、「新事業開発において、新事業を推進するためのガイドラインとしてのプログラムがある場合は、ない場合に比べて成功確率が高くなる。」という仮説は支持されたと考える。
　新事業開発のプロセスについては、Kotler（2003）、Crawford and Benedetto（2000）、Thomas（1993）らのモデルを用いて図表2-8に示すように整理した。
　最後に、新事業としてのオプションが複数存在する際は、事業の収益性に直接影響すると考えられる2つの要素、一つは"市場の魅力度"であり、もう

15）対象：日本国内の製造業。過去10年の間に自社の新事業に主体的にかかわった担当者。
　　調査日：2016年9月7日〜9日。
　　方法：インターネット調査（楽天リサーチ、製造業モニターを利用）。予備調査により、1,920名の調査対象者を抽出。
　　標本数：300名（有効回答216名）。

図表2-7 事業開発システムに関するグループ別成功率

数字は計画目標達成率、Positive：あると答えたグループ、Negative：ないと答えたグループ

		Positive	Negative	有意差
ビジョン	1. 新規事業に関するビジョンはメンバーに示されていた	73.5%	66.9%	
	2. 新規事業に関するビジョンはメンバーに理解されていた	73.6%	66.4%	
	3. 新規事業に関するビジョンはメンバーに共感されていた	68.9%	70.8%	
戦略	4. 新規事業の事業領域（対象市場と製品/サービス）は明確であった	73.9%	65.3%	
	5. 新規事業の目標とすべき事業規模は明確であった	72.0%	67.3%	
	6. 新規事業の目標達成期間は明確であった	79.8%	60.7%	＊＊
組織	7. 新規事業推進のためのサポート組織が社内にあった	79.4%	66.0%	
	8. 新規事業推進の組織は主体的に意思決定ができた	79.8%	61.5%	＊＊
	9. 既存事業からのサポートを必要に応じて受けることができた	78.3%	64.7%	＊
資金	10. 予算配分は十分になされた	67.5%	71.4%	
	11. 資金的には問題がなかった	66.7%	72.0%	
	12. 必要に応じて社内のリソースは十分に使用できた	79.2%	65.3%	＊＊
人材	13. 人員は十分配置された（人数）	80.0%	67.3%	
	14. 発案者/責任者に十分な権限が付与された	77.9%	61.2%	＊＊
	15. 必要なスキルを持つ人材が配置された	79.2%	64.7%	＊
プログラム	16. あらかじめ新規事業を推進するための形式的なマニュアルが存在していた	86.7%	67.2%	＊
	17. 社内でパターン化された一定の新規事業の進め方が存在していた	82.0%	66.3%	＊
	18. 新規事業の推進段階ごとに活用できるツールやフレームワークが存在していた	84.9%	65.0%	＊＊
制度	19. わが社には成否にかかわらずチャレンジを評価する仕組みがある	78.9%	65.0%	＊
	20. わが社では失敗しても再度、機会が与えられる	70.2%	69.7%	
	21. わが社には財務の数値以外の評価要素がある	72.7%	68.3%	
風土	22. わが社には、新しい物事にチャレンジする文化がある	75.9%	65.9%	
	23. わが社は、現状にとどまることのリスクを共有されている	71.6%	69.0%	
	24. わが社は、失敗を許容する文化を持つ	74.2%	68.0%	

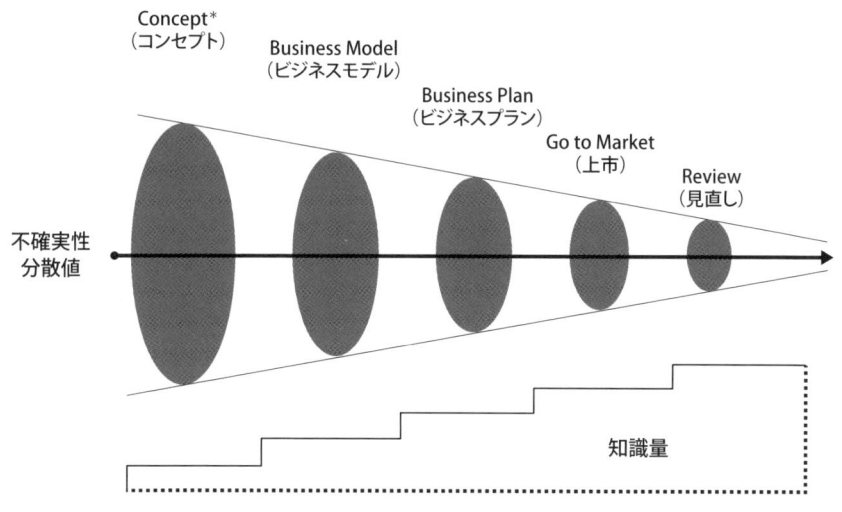

（注）＊本研究におけるコンセプトとはセグメンテーション、ターゲティング、ポジショニングのいわゆるSTPを指す。

一つが、"資源適合度"という２つの要素を基に新事業の候補を検討する（図表2-9）。

4 | 競争戦略

　事業の範囲が明確に定義されたところで、その自ら定義した事業領域（製品・市場）の中で、競争を意識した戦略を考えることになる。現状分析を通して達成可能な事業目標を設定しており、その目標を達成していくための手段を考えるわけであるが、事業を取り巻く環境は千差万別で、目標を達成していくためのマーケティング手段についても、理論的にはいくつものオプションの組み合わせが考えられる。

　事業ごとの個別の状況を理解したうえで特殊な解を導き出していく必要が

図表2-9　新事業領域評価基準（例）

事業コンセプト	市場の魅力度				資源の適合度				総合判断
	市場規模 （3年後） 500億以上：5 300-500億：4 200-300億：3 100-200億：2 100億未満：1	市場成長 （3年後） 30%以上：5 20%以上：4 10%以上：3 5%以上：2 5%未満：1	競争状況 （競合参入 可能性） ほとんどなし：5 ある程度：3 既に存在：1	市場魅力度合計	開発資源 （特許、商標 開発力） きわめて強い：5 一応あり：3 まったくなし：1	生産資源 （現資源の 活用可能性） 十分活用可：5 ある程度可：3 活用不可能：1	販売資源 （現資源の 活用可能性） 十分活用可：5 ある程度可：3 活用不可能：1	資源適合度合計	

あるが、しかしながら、すべてのケースにおいて、ゼロ・ベースでマーケティング施策を組み立てていくというやり方には、限界がある。莫大な時間とコストがかかることになる。

そこで、基本方向を押さえたうえで、特殊な問題に対してはそれが生じている状況を詳細に検討して、特殊解を提言していくというアプローチが考えられる。まずは、競争戦略に関する基本的な理論について、それが適用される条件も含めてしっかりと理解しておくことをお勧めしたい。

◉──コスト・リーダーシップか、差別化か

競争戦略とは、"優れた価値を創造し、競争優位性を構築していくための基本原則（Disciplines for Creating Superior Value）[16]"と考えられる。

顧客にとっての価値が顧客価値であるが、この顧客価値に関して基本のところを整理しておきたい。顧客価値とは、効用（機能的な効用に限らず情緒的な効用も含まれる）から、負荷を差し引いたものである。

負荷とは、顧客が費やさなければならない時間コストやエネルギー・コスト、つまり労力や手間や精神的な負担も含む。

例えば、新たに開発された産業機械の段取り時間が従来の機械にくらべて30％短くなったとする。その機械は機能としては従来とまったく同じとしても、その機械を使うことにより、生産に従事するスタッフの稼働時間が短縮され、結果的にコスト削減が期待される。その産業機械は、顧客にとって価値が高いと知覚されるのである。

この顧客に知覚された価値が顧客価値である（図表2-10）。

競争戦略には、知覚価値はそのままで、顧客にとっての価格つまり購入価格をできるだけ低くするために、売り手にとってのコストを下げるコスト・リーダーシップ戦略がある。この戦略のポイントは、知覚価値そのものは一切下げずに、その価値を生み出すためのコストを下げるところにある。バ

---

16) Alice M. Tybout (2015) Kellogg School of Managementプレゼン資料より抜粋。

図表2-10　知覚価値と競争戦略類型

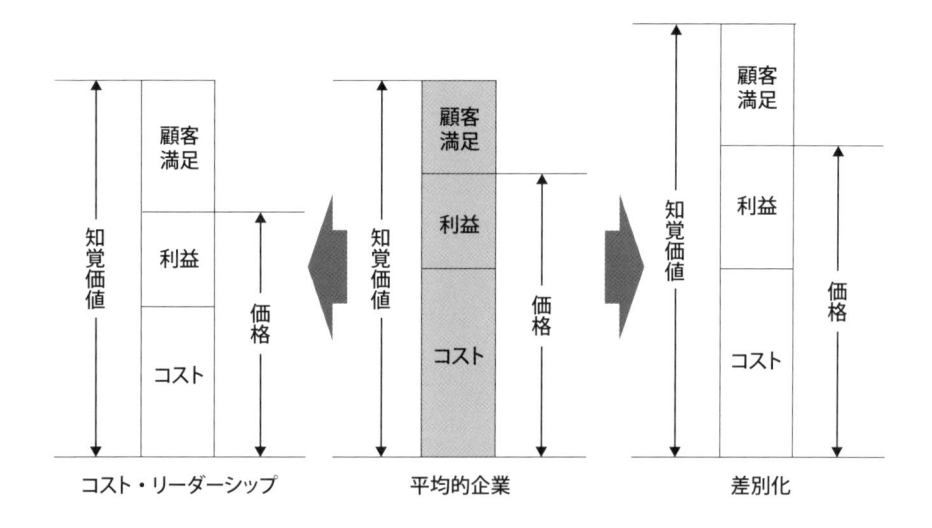

リュー・チェーンの中でも、特に生産プロセスにおけるイノベーションが必要である。

　競争戦略には、もう一つのタイプがある。顧客の知覚価値を最大化するために、コスト削減には目をつぶり、せいぜい据え置きか、場合によっては開発に一層のコストをかけ、プロダクト・イノベーションを追求する戦略である。いわゆる差別化戦略である（112ページ、図表3-6も併せて参照されたい）。

◉───ポーター・モデルとコトラー・モデル
　事業戦略における競争戦略の類型としては、ポーター・モデルとコトラー・モデルが挙げられる。

　ポーターのモデルは、競争の手段がコスト（提供するソリューションは同質的）か、差別化（提供するソリューションは異質的）か、それとも対象ターゲットが集中（競争に対する態度は競争回避）か、広域（競争に対する態度は競争受容）かという2つの要素で整理されている（図表2-11）。

図表2-11 **ポーター・モデルにおける競争の要素**

競争の手段 / 競争の態度	異質性	同質性
競争推進	差別化	コスト・リーダーシップ
競争回避	差別化集中	コスト集中

（出所）ポーター・モデルを基に修正。

図表2-12 **コトラー・モデルにおける競争の要素**

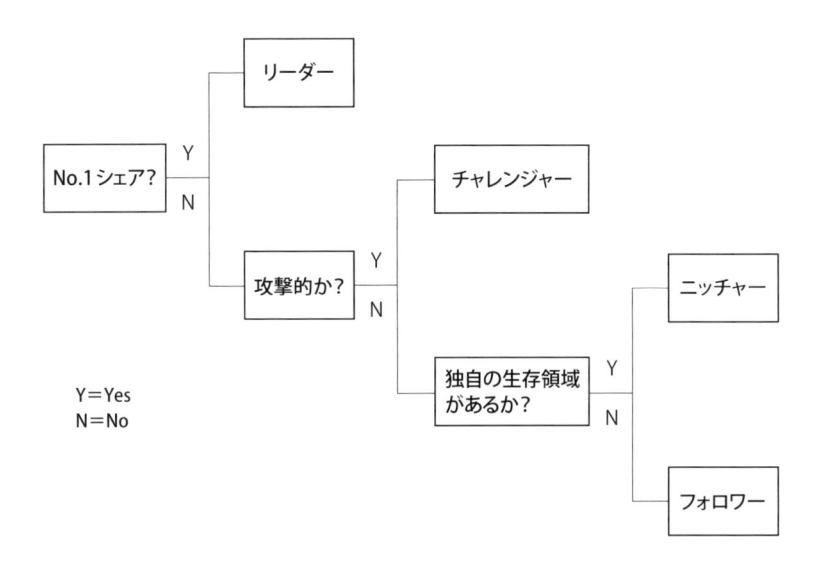

コトラー・モデルでは、リーダー企業、チャレンジャー企業、ニッチャー企業、フォロワー企業の4つの類型が示されていて、それぞれのタイプの基本的な方向性が述べられている（図表2-12）。

具体的にどのような状態であればどのような戦略を展開すべきなのか。まず、コスト・リーダーシップについてであるが、業界トップでシェアNo.1の企業に採用される可能性が高い戦略である。規模の経済によって一ユニット当たりの固定費が下がると同時に、累積生産量が多くなるほど経験曲線によって変動費も下がる。トップ・シェアを確保している企業だからこそ、コストを低くすることが可能になる。

　トップ企業の基本路線は、低コストをベースとしながらも、価格は極端に下げることはせず、一定のマージンを確保しながらシェアの最大化を図るというものである。

　次に業界の2位以下の企業がとり得る戦略方向について考えてみたい。基本的にはコスト・リーダーシップは採用しにくいため、それ以外の戦略になる。差別化戦略か集中戦略かということである。

　差別化戦略とは、基本的には広い市場をターゲットにしながら、リーダーに対して製品・サービスで差別化すると考えられる。つまり、リーダー企業と同じ広い市場を選びながらもリーダーとは異なる価値を提供することによって顧客をひきつけて優位に立とうとする考え方である。

　それに対して、集中戦略とは、リーダーと正面から戦うということではなくて、リーダーとは異なる特殊な顧客市場に経営資源を集中する戦略と考えてよい。

　市場全体をターゲットにする戦略では、ターゲット市場全体に同じように対応するため、充足されないニーズをもつニッチ市場が生じる可能性がある。その隙間を狙った領域において価値を生み出す戦略が集中戦略であり、集中戦略はさらに、コスト・パフォーマンスで勝負をするコスト集中と差別化を追求する差別化集中の2つに分かれる。

　独自のコア・コンピタンスを活用して、大手が入って来ることができないような独自の領域を構築することが可能であるならば、絞り込んだ市場で差別化を徹底することにより、より高いレベルでニーズに応える差別化集中戦

図表2-13　**競争戦略類型（ポーターとコトラーの対応関係）**

コトラー （競争地位）	リーダー	チャレンジャー	ニッチャー	フォロワー
ポーター （基本方向）	コスト・ リーダーシップ	差別化	差別化集中	コスト集中
基本戦略	市場拡大と 全方位展開で 同質化	セミ・ フルカバレッジで 差別化推進	狭いセグメントに トータル・ ソリューション	コストに反応する 特定市場に廉価版

略を推進する。そのような領域がない場合は、コストに反応する特定市場に
フォーカスをして廉価版を提供する、いわゆるコスト集中戦略を検討するこ
とになる（図表2-13）。

第 3 章

コンセプト（STP）

セグメンテーション、ターゲティング、ポジショニング

Creating Concepts Consisting of
Segmentation,
Targeting and Positioning

コンセプトは、①対象市場と②そのニーズおよび③提供する価値の3つの要素で整理することができる。①誰の、②どういうニーズに対して③何を提供するかということである。このコンセプトを明確にするプロセスがSTP（セグメンテーション、ターゲティングおよびポジショニング）である。

一般的にはSTPと表現されるが、もちろん提供する価値の明確化であるポジショニングからスタートして、その価値を高く評価してくれそうな標的市場の抽出としてのターゲティングとその前提となる市場の細分化であるセグメンテーションを同時に進めることも考えられる。

このアプローチが、いわゆるプロダクト・アウトであり、セグメンテーションからスタートするアプローチが、マーケット・インである。

1 セグメンテーション——市場細分化

マーケティング努力を傾注していく対象として選択した事業領域の中で、さらに積極的に働きかけるべき顧客企業の選択を行うことになる。これがセグメンテーション（市場細分化）とターゲティング（標的市場の明確化）である。

まだ、顧客として製品やサービスを経験したことのない市場（非顧客もしくは未開拓市場）、他社の類似ソリューションを使っている顧客（他社顧客市場）、すでに自社の製品・サービスを利用している顧客（自社顧客市場）という市場構成の中で、自社のシェアを高めていく活動をしていくわけであり、その活動のベースを明らかにすることがセグメンテーションである。

セグメンテーションについては、すでにCustomers（顧客）分析のところで、従来の事業領域における市場を対象に検討済みである。

分析で用いたセグメンテーションの軸をそのまま用いて、従来の枠組みの中で、ターゲティング（標的市場抽出）およびポジショニング（提供する効用の明確化）の提言を行う場合もある。一方で、顧客分析等の現状分析をし

た結果、事業領域を新たに定義し、その新しい事業領域の中で、セグメンテーションの軸の選択も含めて一から検討し直すという状況も想定される。

そこで本章では、セグメンテーションの意味、本質、成立条件、有効条件、効果、変数、プロセスについて最近の学説も含めて改めて詳細に解説する。

●──セグメンテーションの意味と本質

そもそもセグメンテーションとは、「市場全体の中で、同じような選好を示す顧客をグループ化するプロセス (the process of partitioning markets into groups of potential customers with similar needs and/or characteristics)」[1] と考えられる。セグメントについては、「サプライヤーによるマーケティング刺激に対する反応を説明（および予測）するうえで重要な共通的特徴を有する既存顧客または潜在顧客のグループ」[2] と定義される。

セグメンテーションに関しては、一般的には市場全体を区分（partitioning）するプロセスと考えられがちであるが、むしろ同じ購買行動をとることにつながる共通性（特に、ニーズや購買決定要因に関するもの）を見つけ出して、それを基に、同じような潜在顧客を集合させる（assemble）プロセスといったほうが本質的には正しいと考える。

また、セグメンテーションに関しては、サイエンスとアートの両面を持っているということが専門家の間で共有されている (Weinstein, 2004)。繰り返しになるが、セグメンテーションによって顧客企業をグループ化するわけで、特にB2B市場ではグループ化するための変数として、購買センターを構成する個々のメンバーの購買決定要因 (KBF = key buying factors) を使うことができる。

例えば、購買センターの中で大きな影響力を持っているチーフ・エンジニ

---

1) A. Weinstein (2004) *Handbook of Market Segmentation*, Routledge.
2) Yoram Wind and Richard Cardozo (1974) "Industrial Market Segmentation," *Industrial Marketing Management 3.*

アが品質に対する強いこだわりを持っている企業か、購買担当がキーパーソンとなっているコスト重視の企業かということである。

　さらに、顧客企業をセグメントするために、どのような最終顧客（つまり顧客の顧客）をターゲットにしているかという観点で顧客企業をグループ化する場合もある。その際は、顧客の顧客（customers' customers）の情緒的な動機などもセグメンテーションの変数として考慮することも可能である。

　例えば、自動車エンジン部品を提供しているTier1メーカーが、顧客企業を、エンジンの情緒的なサウンドを求めて購入するエンド・ユーザーに製品を提供しているフェラーリのようなOEMグループと、シンプルで機能的な移動手段として購入される小型ガソリン車のOEMグループに分けるとする。そのような場合は、顧客の顧客の購入動機やインサイトも考慮していることになる。

　このようなことを考えるとセグメンテーションに関する能力は、理論として短時間に学習することのできる側面と、経験や観察調査などから磨かれる感性にかかわる側面を持っていると考えられる。

◉──セグメンテーションの成立条件

　次にセグメンテーションが成立する条件についても再度確認しておきたい。序章で述べたとおり、想定される事業領域における顧客ニーズの異質性と顧客企業の数の2つで、セグメンテーション・マーケティングがフィットするかどうかを明確にすることができる。

　シンプルに整理すると、顧客企業数が比較的多く、かつ、それぞれに企業のニーズが異質である場合、セグメンテーション・マーケティングが有効に機能すると考えられる。企業のニーズが一社一社異なっているのであれば、各社のニーズに100％適応化することが、あくまでも顧客の視点で考えると理想のように考えられる。

　しかし、複数の顧客に適応するというアプローチは、売り手にとってきわめて大きな負荷がかかる。そこで、同じような購買行動をとる可能性の高い共通性をもった企業を一つのグループにして、グループごとにソリューショ

ンを組み立てていくというアプローチが考えられる。これがセグメンテーション・マーケティングである。

その中でも、特定のセグメントに集中して、そのセグメントに適したソリューションとしての4Psを一つだけ提供するという集中化アプローチ（focused approach）と、それぞれのセグメントにフィットするソリューションをセグメントごとに提供することで複数のセグメントをカバーする多様化アプローチ（differentiated approach）の2つがある。

ちなみに、顧客のニーズに異質性が認められないような場合は、非多様化/標準化アプローチ（undifferentiated/standardized approach）をとることになる。これは、標準的なソリューションを用意してすべての顧客企業に展開するケースである。

不特定多数の企業に展開する場合は、マス・マーケティングと呼ばれる。限られた数社の企業しか存在しない場合は、n倍化営業を展開すればよい。顧客の数が限定的でかつニーズの異質性が大きい場合は、いわゆるone-to-oneマーケティングがフィットする。個々の顧客に適応化するアプローチ（customized approach）である。

ターゲットとして想定される顧客企業数と各企業のニーズの異質性に自社資源の多い少ないを組み合わせて、適切なアプローチを類型化したものが図表3-1である。

◉──セグメンテーションの有効条件

次にセグメンテーションが有効に機能する条件についても再度確認しておきたい。

セグメンテーションが有効であるためには実用的でなくてはならない（Segmentation analysis must be practical to be effective）[3]。Hutt and Speh（2004）は実用的なセグメンテーションとして次の5つの条件を挙げて

---

3) A. Weinstein（2004）*Handbook of Market Segmentation*, Routledge.

図表3-1　事業条件とマーケティング類型（セグメンテーションの成立条件）

事業条件			マーケティング類型	アプローチ	対象単位	対象数	ソリューション数	イメージ
顧客数	ニーズ異質性	自社資源						
多い	小さい		マス・マーケティング	非多様化／標準化	マス市場	1	1	I
多い	大きい	限定	セグメンテーション・マーケティング	集中化	セグメント	1	1	I
		豊富	セグメンテーション・マーケティング	多様化	セグメント	複数	複数	I〜V
少ない	大きい		One-to-oneマーケティング	適応化	個別企業	限定的	限定的	I／II／III
少ない	小さい		n倍化営業	非多様化／標準化	個別企業	限定的	1	I

いる。反応性（responsiveness）、大規模性（substantiality）、測定可能性（measurability）、到達可能性（accessibility）、適合性（compatibility）である。

反応性とは、製品、価格、販路、販促というマーケティング・ミックスに対してセグメントごとの反応が異なることである。セグメンテーションが意味をもつためには、セグメント内ニーズの同質性、セグメント間ニーズの異質性という大原則が成立していなければならない。

大規模性とは、各セグメントが個別のマーケティング・ミックスを開発するのに値するくらいの一定の規模があってほしいということである。

測定可能性とは、セグメントの規模を推定することが可能な変数であることを意味する。到達可能性とは、選定したセグメントにアクセスできるかどうかである。

適合性については、対象セグメントにおいて想定される技術動向や市場動向に対して、自社の技術力やマーケティング力がどの程度マッチしているかという判断である。

●──セグメンテーションの効果

日本のB2B企業に関しては、システム開発などが典型的なケースとして挙げられるが、伝統的に特注品によるone-to-oneマーケティングを採用する傾向が強い。しかしながら、ターゲットとなりうる企業の数が複数存在し、かつ、個々の企業のニーズが異質である場合は、仮に事業領域に9～10社程度しか企業が存在しない場合でもセグメンテーションを行うことをお勧めしたい。

その1番目の理由がニーズ対応力の向上である。つまり、最終的には個別適応するにしても、図表3-2の共通する大きなニーズ（i）でくくり、個々（a、b、c）に適応するほうが適応化のポイントが明確になるからである。ニーズ対応力の向上は、iのニーズに関する競合他社を広く体系的に認識できるということも影響している。

市場をi、ii、iiiに細分化しiを選択

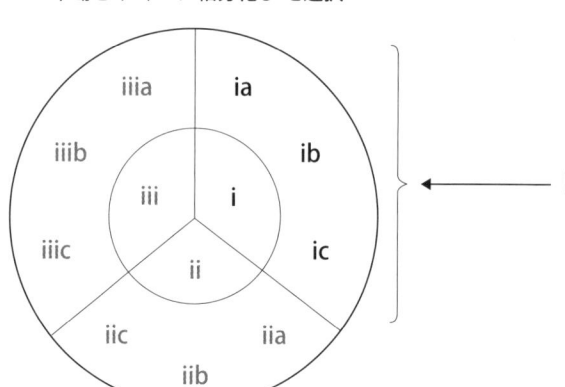

　2番目の理由が、ソリューションとしての4Ps開発の最適化である。ニーズ把握が適切にできることによって、製品、価格、販路、販促の設計がより適切にできるようになる。3番目には、顧客セグメントに共通するニーズ、具体的には（i）で標準化することにより設計や生産の効率化も期待できる。

　最後に、そもそもターゲットとしてどのような顧客市場がふさわしいのかということを判断することが容易になるため、資源配分の適正化にもつながる。より大きく成長する市場には厚く、そうでないところにはそれなりにというメリハリ感を出すことが大事である。

◉──セグメンテーションの変数

　B2B市場におけるセグメンテーションに関する研究[4]（図表3-3）を基に、産業変数、企業変数、状況変数、行動変数、DMU（Decision Making Unit）

---

[4] Stavros P. Kalafatis and Markos H. Tsogas (1998) "Business Segmentation Bases: Congruence and Perceived Effectiveness," *Journal of Segmentation in Marketing*. Thomas V. Bonoma and Benson P. Shapiro (1983) *Segmenting the Industrial Market*, Lexington Books. Michael D. Hutt and Thomas W. Speh (2004) *Business Marketing Management*, South-Western.

変数の計5つの変数から構成される新たなセグメンテーションのフレームワークを構築した（図表3-4）。

　さらにマーケティング・リサーチにおける古典的なアプローチを参考に、同質的なニーズを有するセグメントを探索するモデルを仮設定し、実際の事業に適用する形で検証を加えながら、比較的使いやすく、かつ有効と考えられるアプローチとして完成させた（図表3-5）。図表3-4の5つのセグメンテーションの変数とともに、参照されたい。

◉──セグメンテーションのプロセス

　セグメンテーションに関しては、実務的には、5つの変数の中でニーズの違いが最も明確に出るような軸を2つ組み合わせて、マトリックスを作成する形で展開されることが多い。

　セグメンテーションの有効条件の一つである反応性（製品、価格、販路、販促というマーケティング・ミックスに対してセグメントごとの反応が異なること）を担保するために、ニーズの同質性に基づいてセグメントを明らかにしていくアプローチを提唱する。具体的には①から⑤までの5つのステップから構成されている。

①ニーズ（増やしたい効用もしくは減らしたい負荷)[5]をマーケッターが仮説として設定する。

②対象顧客としての企業に対して、マーケッターがニーズ調査を実施する。具体的には、増やしたい効用や減らしたい負荷について、以下の5段階スケールで質問する。1：最も重要、2：二番目に重要、3：三番目に重要、4：四番目に重要、5：まったく重要でない

③ニーズに関して同じような傾向を示す企業を同じグループとしてセグメント化する。サンプル数が多い場合はクラスター分析[6]等の統計ソフト

5）市場セグメントごとの購買決定要因（KBF: key buying factors）を明確にすることがポイントである。強化したい効用や軽減したい負荷を、QCDS (Quality, Cost, Delivery, Service) などのフレームワークを用いて、セグメントごとに把握して、優先順位や重要度として整理する。

図表3-3　**B2B市場におけるセグメンテーション・モデル**

モデル	分類数	変数	要素
Kalafatis & Tsogas	4	産業分類	・産業セクター ・最終用途市場
		企業特性	・企業規模 ・所在地 ・購買量、頻度 ・購買状況 ・企業文化
		購買センター（DMU）	・供給業者に対するロイヤルティ ・関係性から得られる効用 ・意思決定者のバックグラウンド ・製品購入に関するリスクレベル ・意思決定者の年功制 ・構成メンバー数 ・構成メンバーの役割
		製品・購買状況	・価格感度 ・技術的要求 ・納期 ・サービス品質要求 ・製品利用から得られる効用
Bonoma & Shapiro	5	企業特性	・産業 ・企業規模 ・所在地
		業務特性	・所有技術 ・購買頻度 ・企業能力
		購買特性	・購買機能（一元化、分散） ・購買力構造（ナショナル・アカウント） ・関係性の質 ・購買方針 ・購買基準
		購買状況	・購買の緊急性 ・特定用途 ・発注ロット
		個人特性	・売り手と買い手の同質性 ・リスクに対する態度 ・供給業者に対するロイヤルティ

モデル	分類数	変数	要素
Hutt & Speh	5	企業特性	・規模 ・所在地 ・購買頻度 ・購買機能（一元化、分散）
		製品・サービス用途	・産業分類 ・最終市場 ・使用価値
		購買状況	・新規購買、修正再購買、単純再購買 ・購買ステージ
		DMU特性	・購買戦略 ・購買決定基準 ・購買物の重要性 ・DMUの組織構成 ・サプライヤーに対する態度 ・組織的革新性
		個人特性	・デモグラフィック変数 ・意思決定スタイル（規範を作る、守る） ・リスクに対する態度（積極的、消極的） ・自信 ・担当職務

　ウェアを用いて進める。

④図表3-4の中のいくつかのセグメンテーション変数を用いて、グループごとの特徴を明らかにする。その特徴を基に各グループをネーミングする。

⑤グループごとの具体的なニーズを抽出する。

　図表3-5は、例えば検査装置を対象にする場合のセグメンテーションのプロセスを整理するためのフレームワークのシート例である。

6）いくつかの変数に基づき、対象を内的には同質的で、外的には異質的なグループ（クラスター）に分割する手法。市場全体を、企業のマーケティング活動に対して同様の反応を示すグループに分ける際に用いる。一つずつ段階的に分類する階層型と、あらかじめクラスター数を決めておいて、分類の有効性を示す基準値を改善するようデータを再割り当てしながらグルーピングを繰り返す非階層型の2つがある。

図表3-4　**B2B市場におけるセグメンテーション変数**

産業変数	企業変数	状況変数	行動変数	DMU変数
・産業（製造業、建設業、運輸・通信業、サービス業） ・産業区分（自動車、鉄道、船舶、産業機械等） ・業態（CVS、GMS、百貨店、ディスカウントストア、ホームセンター、通販） ・業種（酒販店、電器店、薬局、青果店）	・企業規模（大手、中堅、中小、零細） ・戦略的ポジション（リーダー、チャレンジャー、ニッチャー、フォロワー） ・対象市場（ハイエンド、ローエンド） ・競争戦略（差別化、コスト・リーダーシップ） ・地理的要素（所在地、国）	・購買状況（新規購買、修正再購買、単純再購買） ・知識レベル（購買経験の多い少ない、技術サポートの必要性等） ・関与レベル（購買対象物の重要度、それに対する逼迫性） ・購買決定プロセスの段階（初期、後期）	・ユーザー・ステータス（ユーザー、ノンユーザー） ・購買量/購買頻度（大口、中口、小口） ・購買機能（一元化、分散） ・購買革新性ステージ（革新者、初期採用者、前期大衆、後期大衆、遅滞者） ・購買単価（マージン）	・購買戦略 ・購買決定基準（品質、価格、納期、技術、サービス） ・ロイヤルティ（次も必ず取引する〜次回は絶対取引しない） ・リスク許容性（許容、忌避） ・DMUの構成（購買、技術、生産担当） ・DMUの規模・意思決定

　上記の⑤の具体的なニーズとは、例えば次のようなイメージである。

✓ 大型装置に関しては、生産現場のレイアウトに合わせたカスタマイゼーションが求められる。

✓ プロセス産業では、装置に関しては、特に高い信頼性と耐久性が求められる。

✓ 中小のユーザーに関しては、ファイナンスに関するニーズがある。

✓ 新製品や革新性の要素の強い製品モデルに関しては、テクニカル・サポートを求める。

✓ 関連製品を含めて広い品揃えを求める顧客は営業窓口の一本化を高く評価する。

✓ 中堅クラスの研究開発型のB2B顧客は、データ解析に関するアウトソースのニーズが強い。

✓ 顧客は、機械の設置から修理、保守、保証まで含めた広い範囲のサービ

セグメンテーションのプロセス

①増やしたい効用もしくは減らしたい負荷（マーケッターが仮説的ニーズとして設定）	
i	コスト競争力
ii	設置スペース
iii	装置の操作性
iv	解析サービス
v	画像解析精度

②対象サンプル（企業に対してマーケッターが調査を実施）
1：最も重要、2：二番目に重要、3：三番目に重要、
4：四番目に重要、5：まったく重要でない

効用・負荷	a社	b社	c社	d社	e社	f社
i コスト競争力	5	5	4	4	1	1
ii 設置スペース	4	4	5	5	3	3
iii 装置の操作性	3	2	3	1	2	2
iv 解析サービス	2	1	2	2	5	4
v 画像解析精度	1	3	1	3	4	5

③同じような志向を示す企業をセグメント化

セグメンテーション変数 ＼ セグメント	A	B	C
購買単価	高い	中程度	低い
知識レベル	高い	中程度	低い
ロイヤルティ	高い	中程度	低い
購買頻度	高い	中程度	低い

④いくつかの変数を組み合わせて各グループの特徴をつかみ、ネーミングする

セグメント名	高関与高知識顧客	中関与中知識顧客	低関与低知識顧客
⑤具体的ニーズのリストアップ	☑ ☑ ☑	☑ ☑ ☑	☑ ☑ ☑

スを求める。

- ✓ 使用経験のそれほど多くないユーザーは、装置の操作性とオペレーターに対する教育訓練を求める。
- ✓ 小規模の未経験の顧客からは、シンプルな機能の装置が求められる。

2 ターゲティング——標的市場の明確化

　セグメンテーションによって、市場を細分化し、それぞれのセグメントの特徴を明らかにすることができたと仮定する。セグメンテーションを受けて、各セグメントの市場としての魅力度と自社の有する経営資源との適合度を基に、特定のセグメントを選択することになる。

　その際、特定のセグメントに集中して、そのセグメントに適したソリューションとしての4Psを一つだけ提供するという集中化アプローチ（focused approach）と、それぞれのセグメントにフィットするソリューションを各セグメントに提供することで複数のセグメントをカバーする多様化アプローチ（differentiated approach）の2つがあるというのは前述のとおりである。

　この2つの選択肢は自社資源をどの程度豊富に持っているかということと大きく関連している。

　比較的自社資源が豊富な売り手企業の場合は、複数のセグメントをターゲットにする多様化アプローチが適している。それに対して、資源に制約性がある売り手企業の場合は、集中化アプローチが現実的なものとして考えられる。

　いずれにしろ、複数のセグメントの中から絞り込みを行う場合は、市場の魅力度と資源の適合度の2つの視点から検討することが求められる。

　事業領域を検討する際に、外的な要素としての市場の魅力度（潜在市場規模、成長性、競争状況）と、内的な要素としての資源の適合度（開発力、生

産力、販売力の活用可能性）を評価軸として利用することに言及したが、特定の事業領域の中におけるターゲティング、つまり特定の顧客グループを選択する際も、同様である。

セグメントの規模、成長性、競争状況をベースに各セグメントの魅力度を判断する。資源の適合度については、先ほどのセグメンテーションのプロセスで明確になったセグメントごとの購買決定要因と自社の製品・サービスが適合している程度をベースに判断する。

セグメンテーションの成立条件のところで述べたが、もし顧客の数が限定的で個々のニーズの異質性が高い場合には、one-to-oneマーケティングを展開することになる。その際は、セグメント単位ではなく、個々の顧客を単位に購買量、成長ポテンシャル等から顧客ごとの魅力度を明らかにする。

3 ポジショニング──提供する価値の明確化

ポジショニングとは、自社の提供するものがターゲット・セグメント顧客の意識の中で、競合他社の提示している提供物との関係で、どのように位置付けられるかを明らかにすることである。

具体的には、買い手企業の業務全体を考えながら、かつ競合他社が提供している価値にも注意を払いつつ、顧客企業にとっての知覚価値が最大になるように、効用（benefits/gains）と負荷（costs/pains）の2つの要素の組み合わせを考えることが求められる（図表3-6）。

x軸、y軸の両方に効用増加の要素を用いることも、負荷削減の要素を用いることもできる。また、効用の増加と負荷の削減の組み合わせでもかまわない。要するに、ターゲット顧客にとっての知覚価値が最大になるように、x軸とy軸を選択し、提供する価値をマップの座標軸上で表現する。

具体的には以下のステップでポジショニングを検討する。

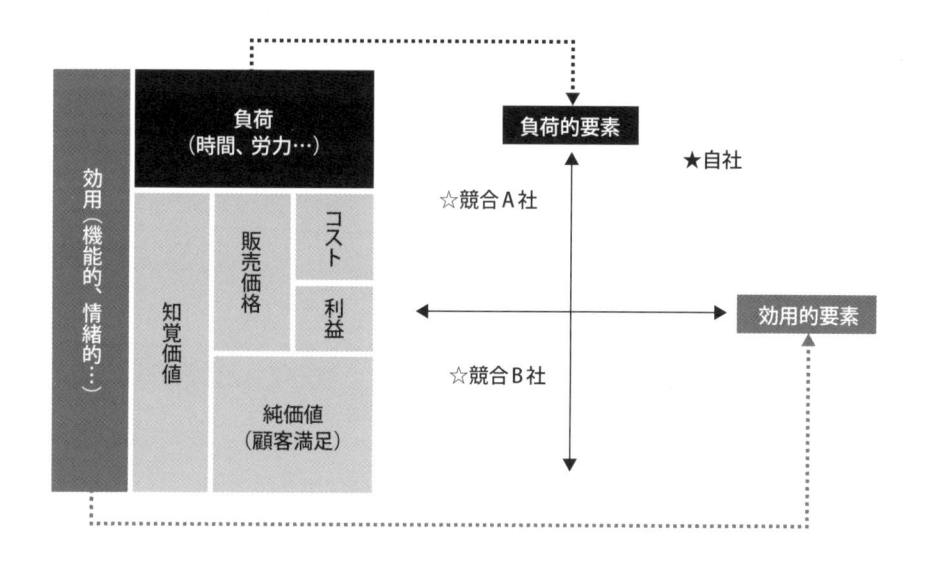

1. ターゲット顧客が比較検討する可能性の高い競合他社製品、いわゆる考慮集合[7] を特定する。

2. ターゲット顧客が製品選定の際に基準とする要素（効用増加・負荷削減を含めた購買決定要素）を特定する。

3. サンプル顧客から売り手企業各社に対する評価（購買決定要素に関する評価）を集めて、各社の位置付け（ポジショニング）を明確にする[8]。

---

7) 代替案の評価には、認知集合、想起集合、考慮集合という3つの段階がある。認知集合は消費者が名前を聞けばわかるような製品群。想起集合は消費者が購買行動の前に思い出す製品群。考慮集合は最終段階に残った製品群であり、真剣に購買が検討される製品の集まりとも考えられる。考慮集合は3段階のうち、最も購買決定に近い。

8) 統計的に処理する場合は、多次元尺度法を用いる。これは、考慮集合に挙げられた売り手企業の製品を一つずつ取り出して、以下の5つの尺度（1. 非常に似ている、2. やや似ている、3. どちらともいえない、4. あまり似ていない、5. まったく似ていない）で評価してもらう方法。例えば、A～Cの3社の製品が考慮集合に含まれる場合は、A社の製品とB社の製品、A社の製品とC社の製品、B社の製品とC社の製品という組み合わせで顧客企業に評価してもらい、その結果を距離データに変換して空間マップの点の位置で表現する方法。

4. 競合製品と比較しつつ、自社製品のポジションを見極める。
5. ターゲット顧客の基準と自社製品のポジションの適合性を判断し、必要に応じてリポジショニングする。

4 STPと情報収集

STPのプロセスには市場データの収集が必要不可欠である。先に述べたように、特定化、具体化していない潜在的な課題に関しては、基本的に継続的に情報を収集すべくマーケティング・インテリジェンスを活用する。

仮に、STPのプロセスで特定の問題や課題が認識された場合は、スポット・ベースでマーケティング・リサーチ（調査）を実施する。セグメントを認識し、記述し実務での実施可能性を確認するためだけではなく、その後のターゲティングやポジショニング、そして4Psの設計を行うためにも、特定の市場データが必要になることは多い。

セグメンテーションのプロセスで必要な情報とは、セグメントごとの特徴やマーケティング変数に対するレスポンス（反応）の違いに関するデータである。市場の魅力度と資源の適合度を判断できるための材料があれば理想的である。

これに対して、ポジショニングを検討する場合は、競合他社が顧客に提供している製品やサービスに関する情報も必要になってくる。さらに、製品や販路を考えるためには、顧客の具体的なニーズを把握することが必要不可欠である。また、B2B市場における営業活動を考える際には、顧客各社の基本的な戦略などもレビューしておく必要がある。

課題ごとにリサーチを行うことは重要であるが、リサーチ活動から生み出された情報は、共通情報として、できるだけインテリジェンス化して有効活

用できるようにしておくことが望ましい。そのためには、情報プロセスに関しては、情報収集から、データ解析、報告書作成まで含めてできるだけシンプルなものにしておきたい。

マーケッターが活用できる情報源としては、以下が挙げられる。
1. 二次資料調査
2. 一次調査（アンケート、インタビュー）
3. シンジケート調査[9]
4. データ・ベース
5. インターネット調査

調査を実施し、意図したデータが取れるならば、仮に想定外の時間とコストがかかってしまっても、意味がないとは言えないが、そのデータ収集やデータ解析のプロセスが過度に複雑になってしまう場合は、要注意である。STPのプロセスを実務的に意味のあるものにするためには、全体としてシンプルなものにしておくことを心がけたい。

上記の情報源の中で、シンプル性を基に評価するならば、二次資料調査が間違いなく選ばれるであろう。この方法の利点は、何らかの加工や修正が必要である場合が少なくないものの、コストと時間が節約できるということである。二次調査とインターネット調査を合わせることで、おそらく必要とされるデータや情報のかなりの割合をカバーできるのではないだろうか。

この2つの情報源で得られるものと必要とされるデータの乖離は、インタビューやアンケートなどの一次資料調査で埋めることになる。アンケートで得られたデータの解析方法などは、標準的な手法の活用も含めて、スタッフ間で共有化しておくことが望ましい。

---

9) シンジケート調査：調査機関と契約した企業に対してのみデータが提供される調査。シンジケート会員以外には排他的（exclusive）である。ただし排他的ではあるものの、独占的（closed）であるというわけではなく、会員になればサービスを受けることができる。

提供物とその価格

製品・サービスから価格を設定する

Developing What to Offer and
Establishing the Price

本章ではポジショニングを受けて、具体的な提供物である製品・サービスとその価値表示機能としての価格について検討する。

1 提供物とは何か

市場に提供する製品やサービスを開発するにあたり、まず、そもそも提供物とは何かということについて整理しておきたい。提供物の本質を議論する際に、マーケティングでは従来、以下のようなメッセージが引用されてきた。

「われわれは工場で化粧品を作っているが、店では希望を売っている」（レブロン社のチャールズ・レブソン）。

「ユーザーは4分の1インチのドリルを買うのではなくて、そのドリルによってもたらされる4分の1インチの穴を買うのである」（セオドア・レビット）。

「ホテルの利用者は休息と睡眠を購入している」（フィリップ・コトラー）。

「我々のやっていることは、世界中の金融、ヘルスケア、交通などのシステムをスマートにすることである」（IBMのジョン・ケネディ広報部長）。

こうした記述からも、提供物については、目に見えて触ることのできる、いわゆるブツではなく、顧客の満たされないニーズを充足させるために提供されうるもの、さらには顧客ニーズを充足させることによって生み出される顧客価値そのものと考えることができる。

ちなみにコトラーは製品については、物理的なものを超えてサービスも含めるという前提で、「ウォンツやニーズを充足させるために市場に供されるあらゆるもの（anything that can be offered to a market to satisfy an want or need）」と説明している[1]。

実際のところニーズを充足させるためには、顧客の負荷（costs/pains）を

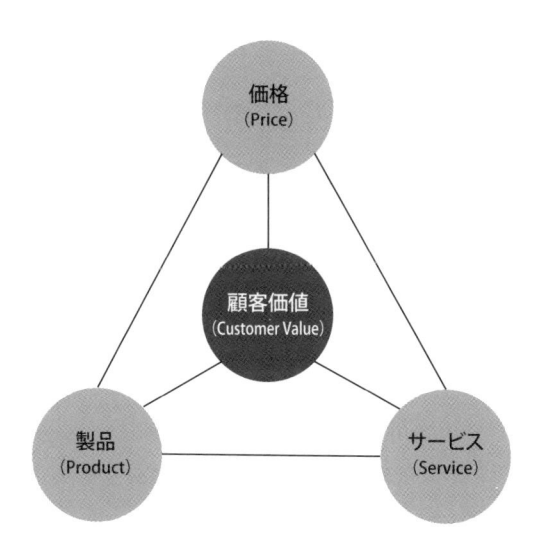

軽減するものであっても、効用（benefits/gains）をさらに強化し、新たに拡大するものであってもよい。

　前章では提供する価値の明確化について、"ポジショニング"をテーマに検討したが、実際のところ、顧客は製品やサービス、その価値表示機能[2] としての価格を通して、顧客価値（customer value）を知覚するのである（図表4-1）。

　以下、前章で議論したポジショニングを具現化させるための提供物とその価値表示機能としての価格について解説する。

2 | 提供物の分類

　B2B市場における製品にはいくつかの分類方法がある。まず、産業財を①

1）P. Kotler（2003）*Marketing Management*, Prentice-Hall.
2）嶋口充輝（2000）『マーケティング・パラダイム―キーワードで読むその本質と革新』有斐閣.

材料・部品、②資本財、③備品・サービスに分ける古典的な考え方である。

　①の材料・部品は、B2B企業、特にOEM企業がつくり上げる完成品の構成要素となる財である。②の資本財は完成品を生産するために使用される財である。③の備品・サービスは最終製品の生産プロセスにおいて消費される財である。

　基本的に同じ分類原理であるが、上記の①は文字どおり、投入財（Entering Goods）と表現されることもある[3]。投入財には原材料、加工品、部品等があるが、完成品に投入されて、その一部を構成するものである。会計的には製造原価項目となる。

　②は基礎財（Foundation Goods）とも呼ばれる。主要設備や付帯設備などの形態をとり、貸借対照表の資産として計上されるものであるが、消耗されるに従い、所得原価の一部が減価償却費として費用化されていく。

　③は別名、促進財（Facilitating Goods）である。企業の業務やオペレーションを促進・サポートする供給品や業務サービスなどが含まれる。サービスといえば、従来はMRO（メンテナンス、リペア、オーバーホール）のような古典的なサービスが中心であったが、近年では、オペレーションをそっくり丸ごと受託するようなBPO[4]も登場している（図表4-2）。

　上記のほかにも、有形か無形かという分類[5]や、品質の判断容易性、具体的には探索特性（購入前に買い手が評価できる特性）が高い製品・サービス、経験特性（購入後つまり経験した後に評価できる特性）が高い製品・サービ

---

3) Michael D. Hutt and Thomas W. Speh (2004) *Business Marketing Management: A Strategic View of Industrial and Organizational Markets.* South-Western　笠原英一（解説・訳）(2009)『産業財マーケティング・マネジメント―理論編』白桃書房：p28.

4) BPO：ビジネス・プロセス・アウトソーシング（自社の業務の一部または全部を外部に任せることで、委託側は自社のコア業務に専念することが可能になる。アウトソーサーのノウハウにより、業務の効率化や高品質化、またはコストダウン効果が期待できる）。

5) G. Lynn Shostack, "Breaking Free from Product Marketing," *Journal of Marketing* 41 (April 1977, American Marketing Association).

図表4-2　産業財の分類

投入財 (Entering Goods)

原材料
- 農畜産物 (大豆)
- 天然産物 (鉄鉱石)
加工材料と部品
- 構成材料 (鋼材)
- 構成部品 (マイクロチップ)

基礎財 (Foundation Goods)　　　　　　促進財 (Facilitating Goods)

主要設備
- 構築物 (オフィス)
- 固定設備 (エレベーター)
付帯設備
- 工場軽機械 (フォークリフト)
- 事務機器 (デスク、パソコン)

供給品／消耗品
- 業務用供給品 (潤滑油、紙)
- 保守・修理用品 (塗料、ネジ)
業務サービス
- 保守・修理サービス (PC修理)
- 業務支援サービス (物流コンサル)

（出所）Michael D. Hutt and Thomas W. Speh（2004）*Business Marketing Management: A Strategic View of Industrial and Organizational Markets*, South-Western　笠原英一（解説・訳）（2009）『産業財マーケティング・マネジメント―理論編』白桃書房を基に作成。

ス、信頼特性（消費後も評価が難しく、信頼するしかないという特性）の高い製品・サービスという分類[6]もある。

　製品のカスタマイズのレベルを基に、標準製品（標準化モデル）、カスタムビルド製品（基本ユニットを基に、付属品やオプションの集合体として提供されるモデル）、カスタムデザイン製品（適応化モデル）に分ける考え方もある。

　サービスについては、一般的には、保守点検のように製品に付随するものと、物流サービスのように製品に付随しない純粋なタイプの2種類に分類される。

---

6) P. Kotler（2001）*A Framework for Marketing Management*, Prentice-Hall.

3 提供物の構成要素

◉───製品からサービス、ソリューションへ

　IBMは以前ハードウェアとしてのサーバーを製造販売していたが、近年では、クラウドコンピューティングを通して、ハードウェア環境（サーバー、ストレージ、ネットワーク）を提供したり（これをInfrastructure as a Serviceの略でIaaSと呼ぶ）、ミドルウェアやOSまで含めて企業をサポートしたり（これをPlatform as a Serviceの略でPaaSと呼ぶ）、さらには、アプリケーション・ソフトウェアをサービスとして提供したりしている（これをSoftware as a Serviceの略でSaaSと呼ぶ）。

　最近のB2B市場においては、このように製品からサービスという流れが顕著である。

　サービスには、製品に付随するものと純粋なサービスの2種類があるのは前述のとおりであるが、付随するサービスとしては、設備や装置に関するMRO、つまりメンテナンス（保守）、リペア（修理）、そしてオーバーホール（部品単位まで分解して清掃・再組み立てを行い、新品時の性能状態に戻す作業）などが挙げられる。

　また、設備や装置に関するトレーニング・プログラム、ファイナンス、保守は保守でも、より予防に力点を置いたメンテナンスなどもあり、バラエティに富んでいる。もう一つの純粋なサービスとは、製品販売に伴うものではなく、純粋にサービスとして提供されるものである。コンサルティング、金融、保険、輸送、エンジニアリングなどである。

　すでにB2B市場における提供物に関しては、純粋に物理的な製品だけでは顧客価値が出しにくくなっており、また同様に、役務を提供するだけのサービスのみでは競争優位性を構築することが、ほぼ不可能になっている。製品

とサービスを組み合わせたり統合したりして、顧客のニーズに応えるモデル
が今後も増えていくと想定される。

　例えば、GoPro搭載のドローンで撮影した画像をクラウド上にアップロー
ドし、過去のデータや気象情報なども加味してAIで解析して、天候による農
作物の出来高、品質、もしくは被害額などを事前に見積もることは十分可能
であろう。流通、保険会社、農家に対してこうしたデータ、ソフトウェア、
サービスをセットにしたようなソリューションが、今後さらに普及するので
はないだろうか。

　プラットフォームとしては、センサー、IoT、動画の処理、ビッグデータの
保管、処理、データ・ベース、アプリケーション、データを処理するAIな
ど、多くの複雑な技術が統合された基盤が必要であることは言うまでもない。

◉──製品とサービスの相互作用

　そもそも、製品とサービスの関係であるが、ガードマンが監視カメラに置
き換わったり、保守検査員がセンサーに代替されたり、業務用のプリンター
のトナー配送サービスを不要にする大型トナー・タンク内蔵型プリンターが
できたり、プログラミングを不要にするAIシステムが開発されたりしている。

　また、その逆であるが、クライアント・サーバーというハードがクラウド・
サービスに代替されたり、物流倉庫が、フェデックス（FedEx）のサービス
に代替されたりするケースもある。

　製品とサービス両者は、競合したり、代替したりする関係にあるという一
面がある一方で、それが補完、統合されてさらに価値を生み出すという逆の
面もある。

　例えば、演出照明を目的とするライトニング・システムの進化が、レイン
フォレストカフェのようなレストランにおけるエンターテイメント・サービス
の発展を促し、またレストランにおける演出サービスの品質の向上が、演出
照明のシステムの技術開発を刺激するというようなケースである。

　今後の自動車産業などはこうした製品とサービスの相互作用によって発展

が見込まれる典型例であろう。

◉──サービス・ドミナント・ロジック

　製品そのものが、交換や価値創造のベースとなっているという従来の思想とは異なり、交換や価値創造のベースは、サービスであるという考え方がVargo and Luschから提唱されている。いわゆるサービス・ドミナント・ロジック[7]（以下S-Dロジック）である。ちなみに従来の製品を中心に据える思想をグッズ・ドミナント・ロジック（G-Dロジック）と呼ぶ。

　図表4-3は、S-Dロジックの考え方をイメージしたものである。ここで単数形で表現されている上位に位置するサービス（service）は、顧客価値を創出するものすべてを含んでいると考えられる。コア・コンピタンスを用いて顧客価値を創出するためのプロセス全体ともとらえられよう。

　この上位のサービスに包含されるのが有形財としてのグッズ（goods）であり、それに付随する複数形で表記される無形財のサービシーズ（services）という構成である。

　提供物に関する分類原理として、前述の有形か無形か（ハード、ソフト、サービス）という要素と品質の判断容易性レベル（探索特性、経験特性、信頼特性）の2つの要素を組み合わせて、物流業界の提供物をマトリックスに展開したのが図表4-4である。

　有形性のレベルが高いハードウェアで、かつ品質判断が探索によって容易に行われるものの一つ（左下の象限に位置する）が、例えば、輸送パレットである。これは、輸送や保管の際の内容物の保護機能と荷役作業を容易にするという機能を担うものであるが、典型的な有形物であり、仕様を容易に判断することができる。

　この輸送パレットの対極に位置するものが、BPO（ビジネス・プロセス・アウトソーシング）である。これは、顧客企業の業務の一部または全部を丸

---

7) Stephen L. Vargo and Robert F. Lusch（2004）"Evolving to a New Dominant Logic for Marketing," *Journal of Marketing*.

図表4-3　サービス・ドミナント・ロジック（S-Dロジック）

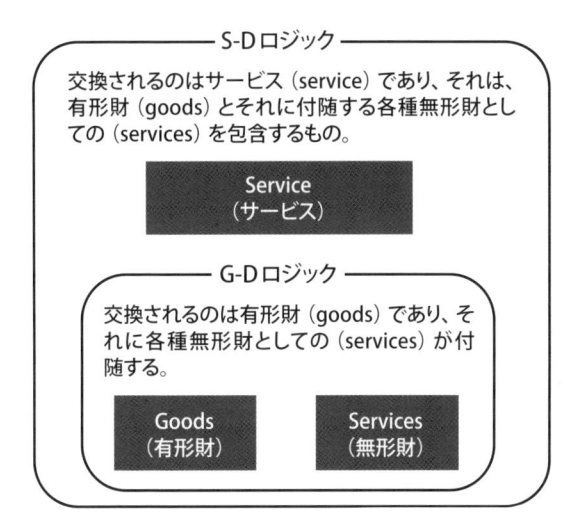

（出所）Vargo and Lusch（2004）を基に作成。

図表4-4　B2B市場における製品とサービスの統合性（例：物流業界）

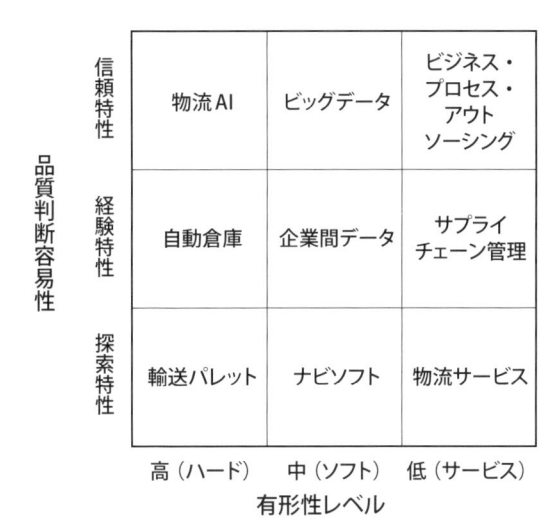

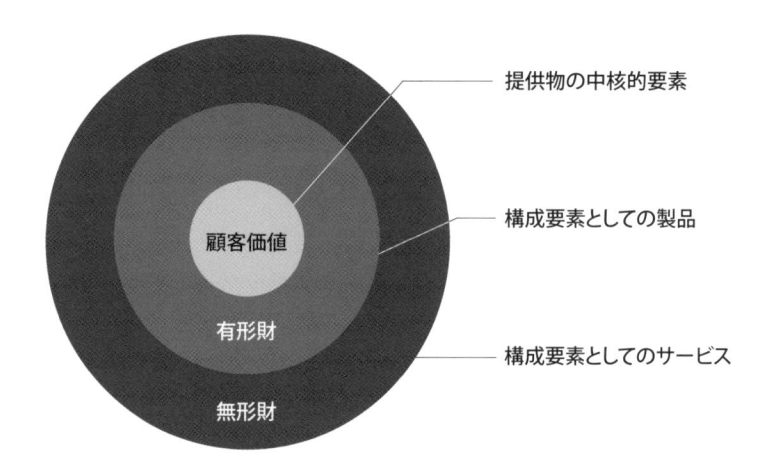

ごと請け負って、顧客の固定費を削減すると同時に、物流業務の最適化による効率アップを図ることを目的としたサービス形態である。

　以上、近年のB2B市場におけるサービスの重要性およびサービス化の傾向について触れてきたが、B2B市場における売り手企業のマーケティング担当者は、提供物を開発するにあたり3つの階層を認識しておく必要がある（図表4-5、図表4-6）。

　最も基本的な階層は、創出すべき顧客価値であり、提供物の中核的な要素となるものである。これは購買企業が本当に購入するものは何かという質問に対する答えでもある。売り手企業がそのコア・コンピタンスを基にバリュー・チェーンを通して創出する価値そのものである。

　次が、提供物を構成する重要な要素の一つである有形財としての製品（いわゆるグッズ/goods）である。最後が、提供物を構成するもう一つの重要な要素としての各種サービス（S-Dロジックでは、サービシーズ/servicesと呼ぶ）である。中核的な要素としての顧客価値を実現するために必要な有形財

図表4-6　提供物の3階層構造：B2B企業の事例

提供物の要素	OS サプライヤー	航空機エンジン メーカー	ガスタービン メーカー
中核的要素 （顧客価値）	安定感No.1のオンプレミス・プラットフォーム	航空機の安全かつ効率的な運航管理	生活・生産ライフラインの高度化
構成要素 （製品）	基本OS、基本アプリケーション、ブラウザ	耐久性の高い高性能エンジン、モニタリング・システム	発電機、機械室、コンデンサー、冷却タワー、水処理、燃料変換、加熱装置他
構成要素 （サービス）	端末、クラウドによる各種サービス	運航状況のモニタリング、データ解析、予防的メンテナンス	据え付けと適否点検、水の供給、水の前処理、燃料貯蔵、立地選定、土木工学他

と無形財が統合されて、競争力のある提供物が形成される。

　OSサプライヤー、航空機エンジン・メーカー、ガスタービン・メーカーの事例を示す。

4 提供物の価格設定

　次に、提供物の価値表示機能としての価格についてコメントする。価格決定に関する一般的なアプローチ方法を紹介し、特に需要志向に基づく価格設定方法について解説をしたうえで、攻撃的な競合に対する対処方法に関する考え方について述べる。

◉──従来型の価格設定のアプローチ

　価格設定に関して、比較的頻繁に参照されるアプローチが以下の3つである。①自社のコストに基づくアプローチ、②顧客の需要を参照するアプローチ、そして③競合他社の価格をベースにするアプローチである。

それぞれ代表的な方法は、以下のとおりである。

＜コスト志向による価格設定＞
・コスト・プラス法
・マーク・アップ法
・損益分岐点法

＜需要志向による価格設定＞
・直接価格評価法
・知覚価値評価法
・属性別知覚価値評価法

＜競争志向による価格設定＞
・実勢価格による価格設定
・入札による価格設定

　この中で、多くの日本のB2B企業に採用されてきたアプローチが、コスト志向による価格設定ではないだろうか。このアプローチは、手続き的には最も簡単ではあるが、競争優位性を構築するという点からは、最も困難なアプローチである。このアプローチに基づく価格設定では、コスト・リーダーシップを志向する新興国企業の存在が大きくなっている昨今、グローバル競争に勝つことはきわめて難しい。

　顧客の需要志向をベースに競合他社の価格戦略も加味しながら、目標販売価格と目標利益幅を決めて、許容される自社の原価水準を算出し、その価格帯で作れるようバリュー・チェーンを構築するというアプローチが必要である。ここでは、知覚価値評価法とその発展形である属性別知覚価値評価法について解説する。

◉──知覚価値評価法

　まずは、知覚価値評価法について解説する。そもそも論であるが、顧客は価格が高いから買わない、低いから買うというものではないことは明らかである。高いものであっても必要なものであれば、積極的に購買活動に向かい、逆にどんなに安いものであっても、意味が見いだされなければ購入の検討すらなされないだろう。

　購買を決定づける要因は、一言でいえば顧客価値である。価値は知覚されなければ意味がないので、正確には知覚価値が購買のベースになっているといえる。

　次の事例を考えてみてほしい。小型卓上型電子顕微鏡（テーブルトップ）のケースである。

　A社の電子顕微鏡とB社の電子顕微鏡の共通属性として、まず、小型であるということが挙げられる。しかし、小型だからといって、倍率が著しく低かったり、走査効率[8]が大幅に低下してしまうようでは意味がない。こうした特徴に関しては、A社B社ともに優れた水準にあるとする。

　このように両者共通に有している要因のことを同質化ポイント（points of parity）と呼ぶ。ほかのブランドとも共通する要因であり、顧客の目的を満足させるものである。A社もB社も提供可能なものであるため、A社がB社に対してプレミアム価格を設定するためには、A社は何らかの差別化ポイント（points of difference）をB社に対して持たなければならない。

　これを持つことができなければ、価格が唯一の差別化ポイントになってしまうことにもなりかねない。いわゆるコモディティ競争である。これを避けるためには、何らかの差別化ポイントを作り出さなければならない。

　差別化ポイントとは、顧客の目的を満足させる要因であり、かつ自社ブラ

8）画像を多くの点や線状に分解し、それぞれの輝度・色相・色度などを順次に電気信号に変換すること、また、受像機で電気信号を画像に組み立てることを意味する。

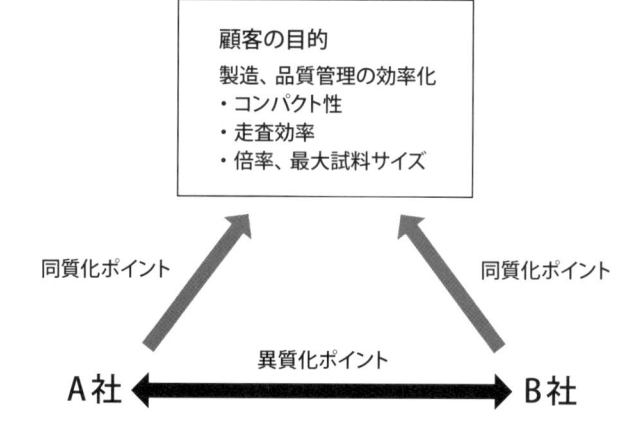

ンドに特有で、ほかのB2B企業では提供不可能なものである。

　先ほどの卓上型電子顕微鏡でいえば、電子顕微鏡を利用する作業者は、単純に顕微鏡で対象物（これを試料と呼ぶ）を見るだけではなく、画像を確認したら、それをレポートにして報告ができるようにしておく必要がある。すなわち、レポート作成機能を搭載することにより、利用者の作業軽減という価値を提供できる。

　また、高倍率のため、試料の位置をマニュアルで探索するのは、作業者にとっても負荷である。画像の観察位置関係をソフトウェアで調整することができれば、時間の節約になり、それをさらに画像で視覚的に把握できれば、作業者にとっての精神的な安心感になる。

　こうした作業負荷の軽減と安心感という要因を加えて、他社に対する差別化を創出することでプレミアム価格のベースを作ることができる（図表4-7）。

　価格付けに関するシンプルなロジックを整理しておきたい。顧客にとってのネット（純）価値とは、知覚された顧客価値と購入価格の差分である。これを、考慮集合の中にある他社と自社で求め、展開すると図表4-8の真ん中

顧客にとってのネット（純）価値

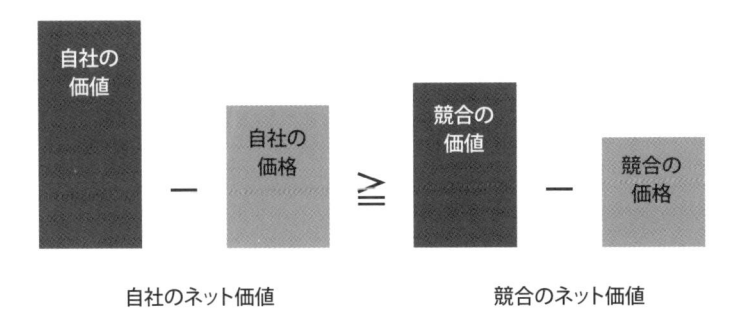

展開すると....

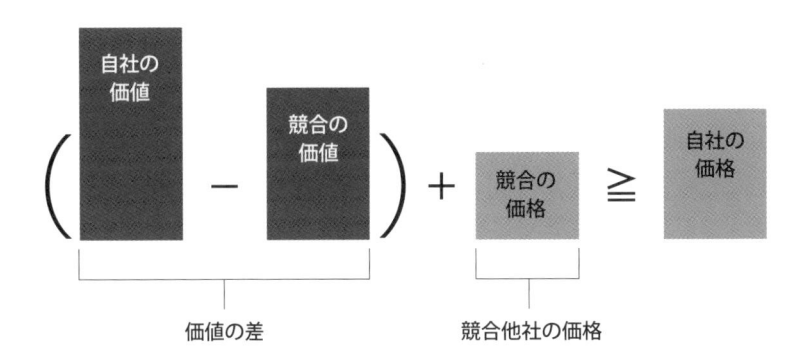

価格設定のポイント：WTPより低めに設定

のチャートになる。

　他社の提供物と自社の提供物の価値の差分を競合他社の価格に加えた額、これが、顧客として「払ってもよい、喜んで払う」と考える価格の最大値である。この水準をWTP（willingness to pay）と呼ぶが、必ず数字で表わしておくこと[9]。この水準より、少し下回るところに自社の価格を設定することが価格設定の基本である。

●──属性別知覚価値評価法

　次に、属性別知覚価値評価法についてコメントする。この方法の特徴は、ターゲット顧客が、提供物によって実現される価値の中で、どの要因を最も重視しているかということを考慮するという点にある。提供されるものの中のどの属性が知覚価値に寄与しているかということを評価している。シンプルに表現すれば、重要度である。

　下記の式は、2つの提供物によって提供される価値の差を、知覚レベルで要因ごとに寄与度を加味して算出して、価格プレミアムとして表現したものである。

$$
\begin{array}{l}
\text{A製品の} \\
\text{B製品に} \\
\text{対する価} \\
\text{格プレミ} \\
\text{アム}
\end{array}
=
\begin{array}{l}
\text{第1の} \\
\text{要因の} \\
\text{重要度}
\end{array}
\times
\left[
\begin{array}{l}
\text{第1要因} \\
\text{に関する} \\
\text{A製品の} \\
\text{知覚性能}
\end{array}
-
\begin{array}{l}
\text{第1要因} \\
\text{に関する} \\
\text{B製品の} \\
\text{知覚性能}
\end{array}
\right]
+
\begin{array}{l}
\text{第2の} \\
\text{要因の} \\
\text{重要度}
\end{array}
\times
\left[
\begin{array}{l}
\text{第2要因} \\
\text{に関する} \\
\text{A製品の} \\
\text{知覚性能}
\end{array}
-
\begin{array}{l}
\text{第2要因} \\
\text{に関する} \\
\text{B製品の} \\
\text{知覚性能}
\end{array}
\right]
$$

　例えば、第一の要因を70％、第二の要因を30％、第一要因に関するA製品のB製品に対する知覚レベルでの性能アップが20％、第二要因に関するA製品のB製品に対する知覚レベルでの性能アップが10％と仮定すると、

　0.7（0.2）＋0.3（0.1）＝0.17となる。

　既存のB製品に対して17％プレミアムを上乗せしてA製品の価格を設定す

9）例えば前述の電子顕微鏡のケースにおける処理効率アップを数字にする場合、以下のように考えることもできる。年間平均稼働時間×処理効率アップ率×作業員人件費／時間×耐用年数

るということになる。あくまでもこれは理論値であるため、いろいろな要素を合わせて検討する必要がある。

例えば競争を考えるのであれば、理論値よりも少し下回る設定というのが現実的である。ほかにも、顧客のスイッチング・コスト、自社のブランド戦略、景気行動なども考慮して調整することになる。

◉──攻撃的な競合に対する対処法

価格に関する最後のトピックとして、攻撃的な競合に対する対処方法についてコメントする。近年グローバル市場では、市場シェアの拡大を狙ってコスト・リーダーシップ戦略を積極的にしかけてくる新興国メーカーのプレゼンスが高まっている。

このようなチャレンジに対して価格を下げて対抗することは短期的には可能である。しかし、中長期的にそのような打ち手が本当に意味のあるものかどうかはしっかり考えておく必要がある。以下の事例で考えてみたい。

> 事例：ABC製作所では、製品一単位あたりの貢献利益200円のXYZモジュールを毎年コンスタントに900万ユニット販売してきた実績がある。最近、海外企業から低価格競争のチャレンジを受けている。対抗策として、ユニットあたり、50円の値引きを検討中。仮に値引きを実施する場合、貢献利益はどう変化するか？　業績を維持するために、新たに必要になる追加販売数量はいくつになるか？

管理会計でよく問われる設問の一つである。値引きをするのは売価を下げることであり、実は、従来売れていたユニット数と値引額を掛け算した額が値引プロモーション費用として増加することに他ならない。

この新たに生じた費用を、新しい貢献利益で除して求められる数量を最低限、新たに追加的に販売することができなければ、価格を下げるという戦略は、利益の減少に直結する。

上記の例で50円値引くことは、従来の貢献利益200円が150円になるということであり、4億5000万円の費用が新たに生じることに他ならない（50円×900万ユニット）。この費用を回収するためには、300万個のモジュールを新たに販売できなければ、確実に利益は減少する（4億5000万円÷150円＝300万円）。一方、何もしなければどの程度の販売数量が下がるのか。何もしないことで生じる損失と防衛策のコストの比較によって最終的に判断していく必要がある。

　Cressman and Nagle（2002）[10]も、価格攻撃を受けた場合の対応策として、防衛対象となっている売上高の逸失による損失と対抗策のコストの比較を基に検討することを提唱している。次の4つのステップである（図表4-9）。

1. 防衛対象となっている売上高の逸失コストよりコストが低い対応策があるか検討する。仮に、価格を変更する（下げる）という対応策が売上逸失よりコストとして低いなら、価格を下げる方向で検討する。競合他社の脅威が、自社の売上の一部の領域にしか及ばない場合は、競合のチャレンジを無視することによって生じるコストは、価格対抗策によって生じるコストよりは低いと考えられる。その場合は、競合他社の低価格戦略を受け入れて、何もしないという選択になる。仮に、低価格競争に対応するにしても、廉価版の製品ラインに限定するとか、新興国市場に限定するとか、ロイヤルティの低いセグメントに限って実施するとかもオプションとして検討する。同時に、価格を調整するのではなく、MROの保証期間の延長などで提供物の魅力を増やすよう努力する。

2. 仮に、自社が対抗して価格を下げた場合、競合はさらに価格を下げる戦略をとる意欲と体力があるか検討する。仮に、再度値下げしてくる可能

---

10) G. E. Cressman and T. T. Nagle（March-April 2002）"How to Manage an Aggressive Competitor," *Business Horizons* 45.

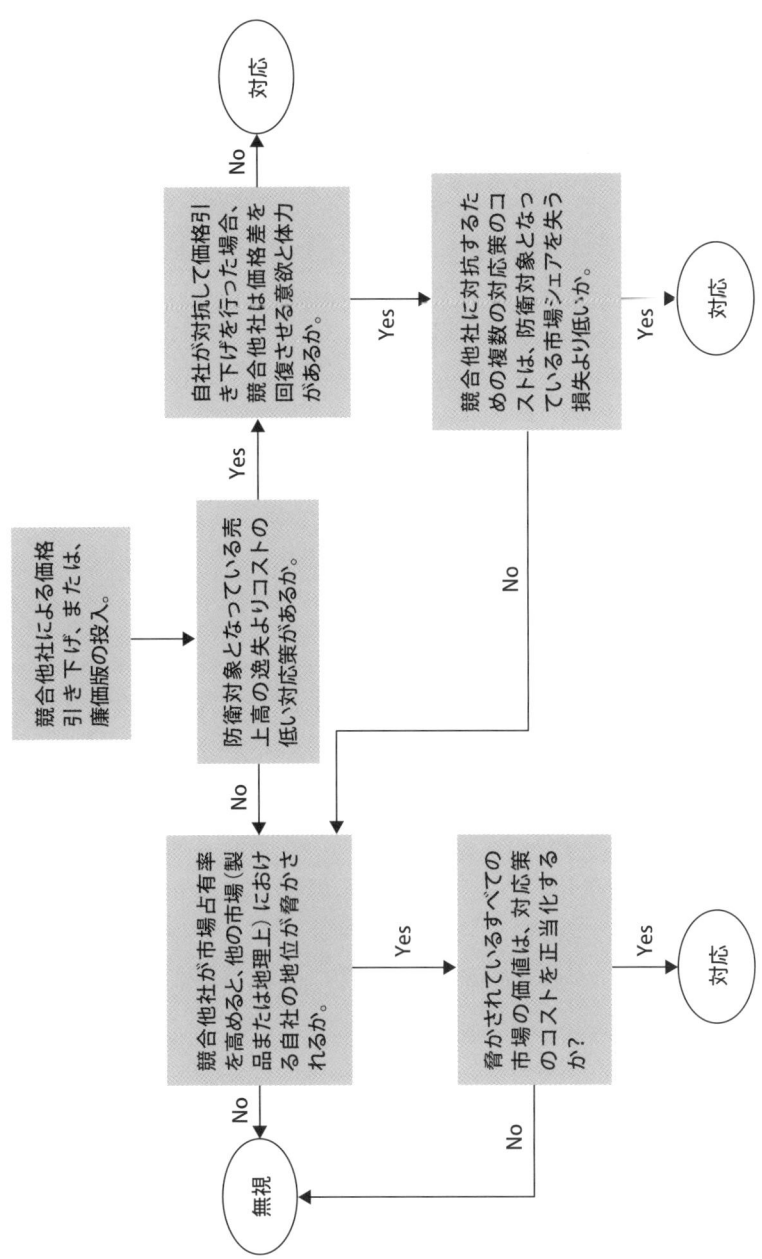

（出所）G. E. Cressman & T. T. Nagle, "How to Manage an Aggressive Competitor," *Business Horizons* 45（March-April 2002）を基に作成。

性が高い場合は、価格を下げるという戦略はそもそも有効な打ち手ではないと判断しなければならない。Cressman and Nagle は、競合他社がなぜ価格競争を仕掛けてくるかその理由を考えるべきだと説く。競合他社にとって価格を下げることが競争優位性を確保するための唯一の方策であるような場合、そもそも自社との対象セグメントが異なるわけで、あえて価格競争に追随する必要はない。多少のシェアの喪失は、価格競争に全面的に巻き込まれるよりコストを抑えられる可能性が高い。

3. 競合他社に対抗するための複数の対応策のコストが、防衛対象となっている市場シェアを失う損失より低いか検討する。装置産業のような多額の投資を必要とするような産業では、生産能力を遊休させるより、固定費をカバーするために利幅の薄い案件でも、積極的に受注を狙ってくる競合がいる。このような場合、単に価格を下げるだけでは十分ではないと Cressman and Nagle は指摘する。対抗策としては、低価格志向の強いセグメントで競合に勝たせると同時に、自社は高付加価値セグメントにフォーカスして適応化戦略を展開するなどして競合に対して何らかの参入障壁を構築しておくことがポイントである。

4. 競合他社がシェアを高めると、他の市場における自社の地位が脅かされるかどうかを検討する。それほどの影響がないとしたら、競合の低価格チャレンジは見過ごす。将来的に大きなインパクトを与えかねないということであれば、積極的に価格競争に挑み、短期的な収益減というコストを負担してでも将来の可能性を維持すべきである。

5 | 提供物に関する要因の選択──コンジョイント分析

提供物に関しては、顧客は通常、製品、機能、そして価格を通して価値を

知覚して、最終的な購入意図を固める。製品の機能やサービスの質は、複数の要因の組み合わせによって構成されている。「良いものを作れば売れる」といった考えだけではコストがかさみ競争力が失われる恐れがある。製品の信頼性を上げることは重要だが、過剰品質はコストアップの要因になる。逆に、品質を下げると修理などのサービス・コストがアップする。

二律背反の関係にある要因の最適な組み合わせを見つけるための分析手法がコンジョイント分析である。これは、顧客が、どのような製品やサービスの要因を重視して提供物を選択するのか、その影響度はどの程度かを定量的に把握する便利な手法である。

図表4-10を見てほしい。例えば、小型電子顕微鏡の開発にあたり、簡易インタビューを実施したところ、ターゲット・セグメントで重視される要因として、解析精度・倍率とオペレーションの処理効率がポイントであることが判明したと仮定する。この2つの要因から生まれる組み合わせの中で、最も選好度の高いものを明らかにすべく、コンジョイント分析を実施する。

要因が2種類で、各要因の水準を①既存モデルと同水準、②既存モデルよりも20％アップ、③既存モデルよりも40％アップの3つとすると、組み合わせとしては、3×3＝9とおりが考えられる。どの組み合わせが一番好ましいかを評価してもらった結果が次ページのチャートである。尺度は1〜9で、最も好ましい組み合わせが1、最も好ましくない組み合わせが9である。

ケースAは、1から9までの順位付けから、精度・倍率志向が高い顧客ということがわかる。ケースBでは、その逆のことがいえる。実際に数字で検証してみたい。一つの要因のそれぞれの水準ごとに、もう一つの要因の各水準の数字を合計して算出したものが図表4-11の数字である。最大値と最小値の差（レンジ）から、2つの要因の中でどちらを重視しているかが推定できる。

ケースAの場合は、精度・倍率の水準に関する最大値と最小値の差が、スピード・処理効率のそれよりも3倍大きいことから、精度・倍率志向が高い顧客と判断される。

図表4-10　**本当に顧客の求めているものは?**

ケースA

精度・倍率

処理効率		既存より40%アップ	既存より20%アップ	既存モデルと同じ
	既存モデルより40%アップ	1	4	7
	既存モデルより20%アップ	2	5	8
	既存モデルと同じ	3	6	9

⇒精度・倍率志向

ケースB

精度・倍率

処理効率		既存より40%アップ	既存より20%アップ	既存モデルと同じ
	既存モデルより40%アップ	1	2	3
	既存モデルより20%アップ	4	5	6
	既存モデルと同じ	7	8	9

⇒処理速度志向

ケースC

精度・倍率

処理効率		既存より40%アップ	既存より20%アップ	既存モデルと同じ
	既存モデルより40%アップ	1	3	6
	既存モデルより20%アップ	2	4	8
	既存モデルと同じ	5	7	9

⇒バランス志向

図表4-11　どちらの要素をより重視しているか?

要因の水準	ケース		
	A	B	C
精度・倍率			
既存の40%アップ	6	12	8
既存の20%アップ	15	15	14
既存と同レベル	24	18	23
最大値と最小値の差	18	6	15
処理効率			
既存の40%アップ	12	6	10
既存の20%アップ	15	15	14
既存と同レベル	18	24	21
最大値と最小値の差	6	18	11

　逆にケースBでは、処理効率の水準に関する最大値と最小値の差が、精度・倍率のそれよりも3倍大きいことから、処理効率重視の顧客と推定される。Cでは、両者が均衡しており、バランス志向の顧客と考えられる。

　ターゲットとする顧客がどのタイプかで、今まで検討してきた提供物のコンセプトやスペックを変えていく必要が出るかもしれない。

　2要因2水準であれば、2×2で合計4とおりであり、調査をするにしても特に設問数で問題になることはないと思われる。仮に4要因となると2水準であっても、組み合わせのパターンとしては、2×2×2×2となり、回答者には16とおりのケースを比較してもらうことになる。要因と水準の数が増えて複雑化する場合は、統計ソフトを使うことをお勧めしたい。

　手順は基本的に変わらない。まず、対象となる提供物の購買決定要因を抽出する。例えば、小型電子顕微鏡で考えると、処理効率、精度・倍率、サイズ・設置スペース、価格・コストなどである。

　次に、直交表[11]を用いることにより、より少ない実験回数で分析が可能に

図表4-12 コンジョイント分析によるアウトプット

要因 (購買決定要因)	重要度 (%)	水準 (カテゴリー)	効用値 (標準化偏回帰係数)

なる変数（要因）の組み合わせを求めることができる。次にアンケート調査を実施して、評価対象となる変数の組み合わせごとに、好ましさの順番をつけてもらい、その結果を集計して、コンジョイント分析の統計ソフトで処理する。一般的には図表4-12のような結果がアウトプットとして出てくる。各要因の選好に与える重要度と、要因内の水準ごとの効用値が算出される。効用値とは重回帰分析でいう標準化偏回帰係数であり、各水準の「好まれる度合い」と考えてよい。

　多数の顧客から構成される市場を前提とするB2C市場の場合は、ポジショニングや提供物に関する仮説を検証する方法として、統計的なアプローチが用いられることが多い。

　B2Bであっても、対象がロングテール市場[12]や、eコマース市場の場合は、統計的なアプローチが適している。比較的少数の顧客から構成される市場の場合は、ターゲットとみなされる顧客に個別にヒアリングをするなどして、ポジショニングや提供物に関する仮説を検証しておくことが望まれる。

---

11) 要因と水準を組み合わせた割付表。
12) しっぽ/tailのことであり、たくさんの小口顧客から構成されているような市場を意味する。この反対が限定的な大口顧客数社から構成されている市場で、ヘッド（頭/head）と呼ばれることもある。

第 5 章

販売チャネル（販路）

直接販売か、間接販売かを選択する

Designing Sales Channels
〜 Go Direct or Go Indirect

本章では具体的な提供物である製品・サービスとその価値表示機能としての価格を受けて、提供物と価格にふさわしい販売チャネルについて検討する。

　チャネルについては、対象市場セグメントのニーズに適合したチャネルを設計することと同時に、チャネル・メンバーのニーズを充足させることも意識しなければならない。本章では、B2B市場における一般的なチャネル構造からスタートして、チャネルの設計とチャネル管理について考察する。

1 | B2B市場におけるチャネル構造

　B2B市場における売り手企業と買い手企業をつなぐものが販売チャネルである。Tier2が売り手の場合、買い手はTier1であり、売り手がTier1の場合は、買い手がOEMであったりユーザーであったりする。いずれにしろB2B市場では、売り手も買い手も企業などの組織である。

　チャネルは、顧客ニーズを充足させるために開発された提供物を、ターゲット顧客に提供するために必要不可欠な機能を担っているといえる。

　具体的には、見込み顧客の発掘、引き合いの創出、ニーズ探索、企画、交渉、契約締結、所有権の移転、ファイナンス、輸送、設置、メンテナンス、在庫の管理、廃棄サービスなどが含まれる。

　こうした機能は、B2Bの売り手企業が単独で担う場合もあれば、チャネル・メンバーが単独で行う場合もある。あるいは、売り手企業とチャネル・メンバーが分担したり、さらに、場合によっては、顧客が自ら一部受け持つこともあり得る。

　チャネルは、構造的に直接販売と間接販売の2つの形態に分けることができる。さらに、直接販売は営業による人的販売とウェブサイトなどのデジタル・チャネルに分けられる。間接販売は、流通業者を利用する方法であり、

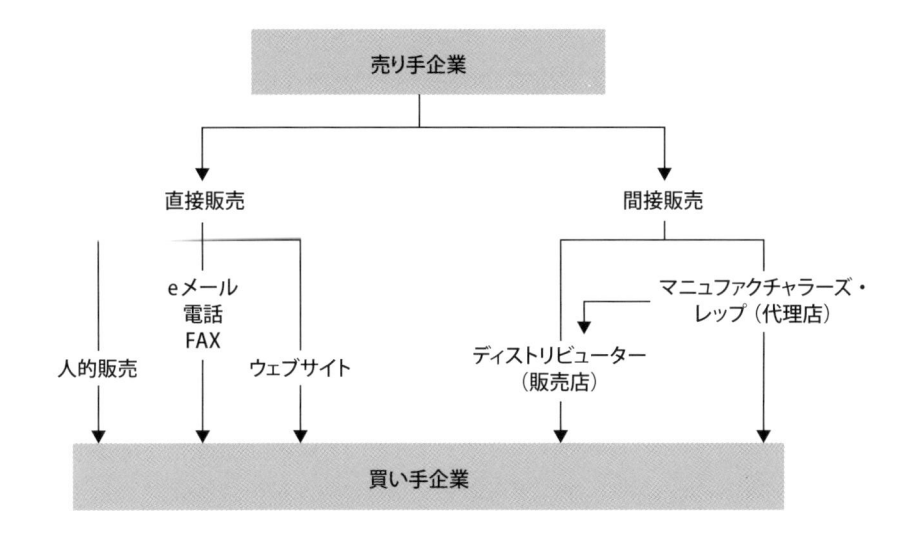

主として、代理店を使うルートと販売店を使うルートに分けることができる[1]（図表5-1）。

米国では、B2B市場における代理店はマニュファクチャラーズ・レプリゼンタティブズ（略してレップ）と呼ばれている。販売店はディストリビューター（ディスティ）である。

レップとディストリビューターの基本的な差は、ディストリビューターが、製品をB2B売り手企業から買い取り、自ら在庫を保管し、自分の責任で販売活動を行うのに対して、レップは、あくまでも売り手企業の代理であり、在

---

[1] 代理店（Agent）は、本人（Principal）であるB2B製造業の代理として本人の製品を紹介し、販売仲介活動を行う。代理店は、実績に応じて本人から手数料（Agent Commission）を受け取る。製品は本人から顧客へ送付され、その代金は顧客から本人へ支払われる。欧米におけるB2B市場では、主にマニュファクチャラーズ・レプリゼンタティブズ（Manufacturers' Representatives）と呼ばれている。販売店（Distributors）は、顧客との売買契約の契約当事者となり、自らの責任（損益や危険負担）で製品を販売する。販売店は、本人（売り主）との間の販売店契約を基に、本人と製品の個別の売買契約を結び、購入した商品を契約当事者として第三者へ販売する。販売した製品の代金回収責任は、すべて販売店が負う。本人と販売店は独立した関係にあるが、両者の間で取扱商品の制限、最低販売高、製品在庫の保有、補修部品やアフター・サービス機能の確保や販促負担などを必要に応じて特約する。

図表5-2　ディストリビューターとレップとの機能差異

	占有	所有	販売促進	取引交渉	金融	危険負担	注文処理	代金決済
ディストリ ビューター	●	●	●	●	●	●	●	●
レップ （代理店）	○	○	●	○	○	○	○	○

（注）●：高いレベルで機能を推進することを意味する。○：基本的に機能を遂行しないことを示している。
（出所）L. W. Stern and A. I. El-Ansary（1992）*Marketing Channels*, Prentice-Hall Internationalから抜粋、加工。

庫は持たず、注文処理サービスなども提供しない代わりに、技術コンサルティング的なスキルをフルに活用した販売支援活動に特化している点である（図表5-2）。

　こまごまとした機能まで期待しているのであれば、ディストリビューターをパートナーとして活用し、より専門的なセールス・エンジニア的なスキルを期待しているのであればレップに協力を仰ぐという考えが一般的である。

　レップの強みは、専門的な技術知識と市場や顧客のニーズに関する深い理解である。また、レップの特徴の一つとして、活動が特定の地域に集中しているため、全国的な展開を計画しているのであれば、複数のレップ・オフィスと契約する必要があるということも付け加えておきたい。

2 チャネルの設計——6つのステップ

　チャネルの設計とは、ターゲット顧客セグメントをカバーするのに適しているチャネルの構造を明確にすることである。チャネルの構造を設計する際のプロセスとして、カストゥーリ・ランガンによって提唱されたモデル[2] が

---

2) Kasturi Rangan（2006）*Transforming Your Go-to-Market Strategy: The Three Disciplines of Channel Management*, Harvard Business Press, pp.73-94を基に修正。

あるが、次のステップはそれを一部修正したものである。

　まず、顧客セグメントを明確にすると同時に、セグメントごとのニーズを把握し、現時点での売り手の提供物が十分顧客のニーズを充足しているかどうかを検討する。同時に競合他社のチャネル政策も考慮して、あるべきチャネル構造を仮説的に設計する。最後は、ヒアリングなどを通して仮説を検証・評価し最終的なチャネル構造として選択するという流れである。

　　　ステップ1：顧客セグメントの定義
　　　ステップ2：セグメントごとのチャネルのニーズ把握
　　　ステップ3：売り手としてのニーズ充足能力の検討
　　　ステップ4：競合のチャネル政策に関する調査
　　　ステップ5：チャネル構造の仮設計
　　　ステップ6：チャネルの評価・構造選択

　ステップ1は、市場全体の中で、同じような選好を示す顧客を認識してグループ化することである。チャネル設計では、売り手としてのB2B企業が提供するものを購入して生産プロセスで利用したり、最終製品に組み込んだりする主体を市場としてとらえる必要がある。

　チャネル・パートナーを市場としてとらえることは、本来の市場のニーズから遠ざかってしまうことを意味する。顧客ニーズを充足させるためにチャネル・パートナーを活用するのであり、チャネル・パートナーのニーズを充足させるために、顧客を利用するということではない。これでは、本末転倒である。

　ステップ2では、顧客のニーズをチャネル機能と関連付けて整理することがポイントである。例えば、セグメンテーションを行う過程で、以下のニーズが認識されたとする。

　✓大型装置に関しては、生産現場のレイアウトに合わせたカスタマイゼー

- ションが求められる。
- ✓プロセス産業では、装置に関しては、特に高い信頼性と耐久性が求められる。
- ✓中小のユーザーに関しては、低コスト・モデルに対する需要とファイナンスに関するニーズがある。
- ✓新製品や革新性の要素の強い製品モデルに関しては、テクニカル・サポートを求める。
- ✓関連製品を含めて広い品揃えを求める顧客は営業窓口の一本化を高く評価する。
- ✓中堅クラスの研究開発型の顧客は、データ解析に関するアウトソースのニーズが強い。
- ✓顧客は、装置の設置から修理、保守、保証まで含めて広い範囲のサービスを求める。
- ✓使用経験のそれほど多くないユーザーは、装置の操作性とオペレーターに対する教育訓練を求める。
- ✓小規模の未経験の顧客からは、最初の段階では特にシンプルな機能の装置が求められる。

　上記のニーズをチャネル機能として図表5-3のように変換する。そのうえで、セグメントごとのチャネルニーズを整理する（109ページ、図表3-5の検査装置に関するセグメンテーションのプロセスも参照されたい）。

　このチャートから、第一ターゲットとしたい高関与高知識顧客のセグメントの顧客は、製品カスタマイゼーション、製品品質保証サービスというチャネル機能を最も重視するのに対して、中関与中知識顧客のセグメントでは、トレーニング・プログラムやデータ解析サービスを重視していることが推定できる。技術革新に関してやや懐疑的な低関与低知識顧客のセグメントにおいては、ファイナンス・サービス機能と追加オプション設定サービスがポイントであることがわかる。

図表5-3　**セグメント・ニーズのチャネル機能への変換**

セグメント・ニーズ		チャネル機能
大型装置に関しては、生産現場のレイアウトに合わせたカスタマイゼーションが求められる。	⇒	製品カスタマイゼーション
プロセス産業では、装置に関しては、特に高い精度と信頼性が求められる。	⇒	品質保証サービス
中小のユーザーに関しては、低コスト・モデルに対する需要とファイナンスに関するニーズがある。	⇒	ファイナンス・サービス
新製品や革新性の要素の強い製品モデルに関しては、テクニカル・サポートを求める。	⇒	セールス・エンジニアリング
関連製品を含めて広い品揃えを求める顧客は営業窓口の一本化を高く評価する。	⇒	アソートメント／品揃え
中堅クラスの研究開発型の顧客は、データ解析に関するアウトソースのニーズが強い。	⇒	データ解析サービス
顧客は、装置の設置から修理、保守、保証まで含めて広い範囲のサービスを求める。	⇒	アフター・セールス・サービス
使用経験のそれほど多くないユーザーは、装置の操作性とオペレーターに対する教育訓練を求める。	⇒	トレーニング・プログラム
小規模の未経験の顧客からは、最初の段階では特にシンプルな機能の装置が求められる。	⇒	追加オプション設定サービス

　ステップ3は、売り手としてのニーズ充足能力の検討である。ターゲットとするセグメントから求められるチャネル機能を基準にして、現時点でのチャネル・メンバーを評価する。複数のセグメントとターゲットにする場合は、セグメントごとに独自の評価基準でそれぞれのチャネル・メンバーを評価することになる。

　ステップ4は、競合のチャネル政策に関する調査の実施である。マイケル・D・ハットとトーマス・W・スペイ[3]は、大手大口顧客に対しては、キー・ア

---

3) Michael D. Hutt and Thomas W. Speh (2012) *Business Marketing Management: b2b*, South-Western.

カウント[4]専門のチームを編成して、フルスペックのソリューションを提供しているのに対して、中小の小口ユーザーに対しては、不十分な対応しかできていないことを発見することがあるかもしれないと指摘する。

　実際にこのようなケースでは、フォーカスを大手大口セグメントから中小小口のセグメントに変えて、代理店による間接販売とデジタル・チャネルを併用することによって、中小の小口ユーザーにきめ細かいサポートを提供することが可能になり、業績を伸ばすことができるかもしれない。

　ステップ5は、チャネル構造の仮設計である（図表5-4、図表5-5）。
　ターゲット市場が、顧客数（リーチ）は限定的であるが、製品に関しては100％カスタムデザインの適応化を希望しており、サービスに関しても保守、点検、オペレーションを含めてトータルなサポートを求めているような場合、濃密（リッチ）なコミュニケーション等の手厚い対応が必要になってくる。
　リッチネスが高く、リーチが狭いという条件におけるチャネル政策としては、直接販売が最適なオプションと考えられる。
　逆に、対象となる顧客数が多くても、標準的な製品で、サービスも定型的なものから選択する程度のシンプルなものであれば、チャネルは、販売店を通した間接販売が適合する。
　さらに、たくさんの企業に標準品を販売していくような場合、例えば、規格品のルーターをSMEs[5]向けにグローバル市場で販売するような場合、製品はきわめてシンプルなものであり、ウェブサイトで仕様をチェックすれば、自社にふさわしいものかどうか判断できる。
　ターゲットはグローバルの中小企業ということで、顧客数は数えきれないくらい多い。リッチネスがかなり低く、リーチが極端に広い場合は、eコマー

4）主要な取引先、得意先のこと。英語ではkey accountと表示される。ナショナル・アカウント（national account）もしくは、戦略アカウント（strategic account）とも呼ばれることもある。取引金額の多い顧客であり、製品に限らずサービスも含めて高度に専門化され適応化された問題解決を求める傾向が強い。
5）SMEs: small and medium-sized enterprises.

図表5-4　チャネルに関するオプション：リーチvs.リッチネス

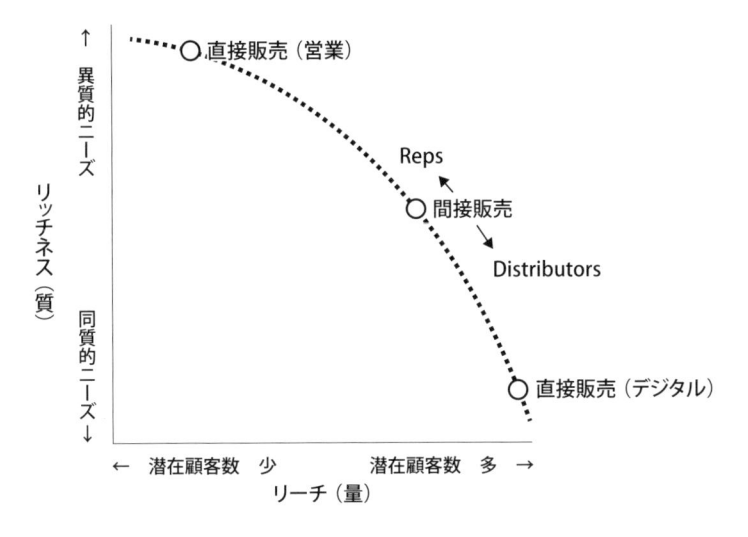

（出所）笠原（2003）早稲田大学大学院研究科紀要を基に修正。

図表5-5　米国産業財市場におけるチャネル戦略（イメージ図）

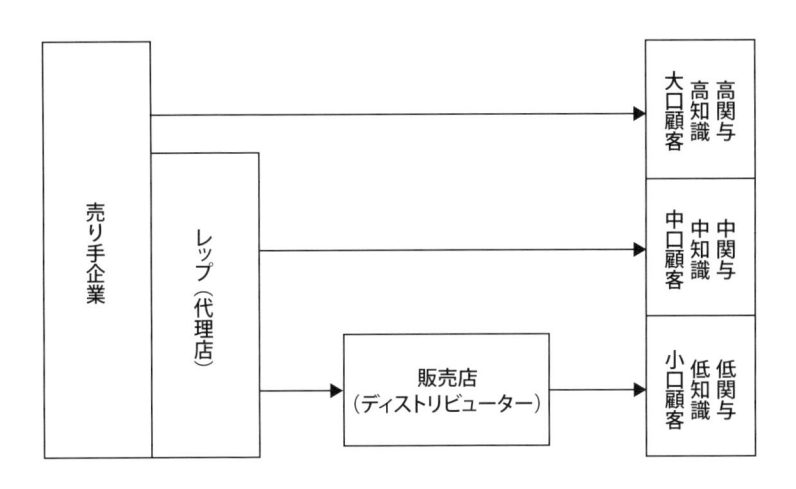

スというデジタル・チャネルの選択もあり得る。

　最後のステップ6では、仮設計したチャネル案を、市場が重視する機能遂行能力と費用対効果の観点から、今一度検討し、最終的な評価を行う。
　先ほどのケースでは、必要なチャネル機能としては、製品カスタマイゼーション、品質保証サービス、ファイナンス・サービス、エンジニアリング、アソートメント／品揃え、データ解析サービス、アフター・セールス・サービス、トレーニング・プログラム、追加オプション設定サービスなどが挙げられる。どの機能が最も強く求められているのか、そしてその機能は、どのチャネル・オプションによって最も効率的かつ効果的に遂行されるのか。
　チャネル・オプションとしては、大きくは、営業による直接販売（キー・アカウント・チームのような特別の大口顧客対応の組織体制、通常の営業パーソン）、間接販売（ディストリビューター／販売店、レップ／代理店）、デジタル・チャネル（ウェブサイト）の3つが挙げられる。
　機能充足度に加えて、各チャネル・オプションに関して、支払うべき手数料やマージンに対する顧客カバー率なども加味して評価することになる。

　繰り返しになるが、ディストリビューターは製品に対して所有権を取得するだけではなく、幅広い品揃えと在庫を確保し、与信、保険、注文処理、代金決済などの機能を遂行してくれる。技術アドバイスや場合によっては顧客の在庫の自動的な補充、製品組み立て、設計サービス、工場内物流等のサービスも提供してくれる。
　これに対して、レップの場合は、取り扱う製品に対して所有権を持たない、いわゆる代理商である。在庫も基本的には保有しない。レップの特徴は、専門的な技術知識である。関連はしているものの、競合関係にならない補完的なデバイス、モジュールなどを製造するB2B企業の代理として営業活動を行う。買い手企業とのきめ細かい相互作用、発注書の作成、注文のフォローアップを行うのはもちろんのこと、業界における経験、技術開発やイノベー

ションに関する深い知識を生かして、技術アドバイスやコンサルティング的なサービスも付与しながら、B2B企業の販売代理を行う。

ディストリビューターに対する技術サポートを提供する場合も多く、ディストリビューターを通して製品を売っているB2B企業でも、レップを雇うケースが少なくない。その場合のレップはディストリビューターに対する技術アドバイザー的な役割を担っていると考えられる。このようなチャネル・メンバーごとの特徴と必要とされるチャネル機能の適合性を見極めることが大切である。

3 | チャネルの管理——チャネル・メンバーの選定

B2B市場においてチャネル構造が選択されたら、チャネル・メンバーを選定し、機能分担をする。マーケティング目標の達成に必要な戦略を共有し、メンバーの動機付けを行う。

チャネル・メンバーの選定は、チャネルの設計ではなく管理に含めている。チャネル・メンバーの選定は一回行ったらおしまいではなく、継続的に行うべきものだからであるとハットとスペイは主張する[6]。

ターゲット市場の求める機能を遂行できているかどうか、ニーズに応えていくことで、引き合い件数、受注件数、売上高、利益額等も含めて、費用対効果のパフォーマンスが出るかどうか。当然ではあるが、必要に応じて、契約を打ち切ることもあり得る。パフォーマンスの劣るチャネル・メンバーを入れ替えながら、より高い成果を出すことのできる販売チャネルの構築に努めなければならない。

---

6) Michael D. Hutt and Thomas W. Speh (2012) *Business Marketing Management: b2b*, South-Western.

優秀なチャネル・メンバーを探索する際は、既存顧客に相談するとよい。また米国市場であれば、『Industrial Distribution』や『Verified Directory of Manufacturers' Representatives』などの業界誌の利用も有益である。

　ロングリスト（緩やかなスクリーニング基準に基づき幅広めにリストアップしたものを指す）が作成されたら、市場カバレッジ、品揃え、スタッフの質・量、成長性、財務状況などを加味してさらに絞り込む。

　特に優れた実績を有するレップやディストリビューターに、自社の提供物の販売代理を要請するには、チャネル・メンバーを真の戦略パートナーとして扱い、全面的にサポートするというメッセージを送る必要がある。図表5-6は、チャネル・メンバーの評価プロセスの一例である[7]。

　チャネル・メンバーは、言うまでもなく、B2B企業の社員ではなく、独立して行動し自らの利益を追求する存在である。各種サービスを付加しながら、提供物の価値を高めるための努力をいとわないプロフェッショナルでもある。

　チャネル・メンバーを効果的に管理するためには、チャネル・メンバーのそれぞれの立場を理解するとともに、B2B企業の中長期的な目標達成に資する行動を心がけてもらえるよう、メンバーを動機付けする方法を理解しておくことが求められる。

　マイケル・D・ハットとトーマス・W・スペイは、チャネル・メンバーに対する影響力を強めようと思うならば、自社に対する依存度を高める戦略を考えることがポイントと主張する。何らかの形でチャネル・メンバーにとっての売り手としての重要性を高めていく方法である。

　具体的には、手数料やマージンの増額、全製品ラインの取り扱い、新製品の投入、販売促進策の強化などにより、そのB2Bの売り手企業から得る収益の比率を高めることができれば、チャネル・メンバーからもより多くの時間とエネルギーを注いでもらえるようになろう。

7) Varis, J., Kuivalainen, O., and Saarenketo, S. (2005) "Partner Selection for International Marketing and Distribution in Corporate New Ventures," *Journal of International Entrepreneurship*.

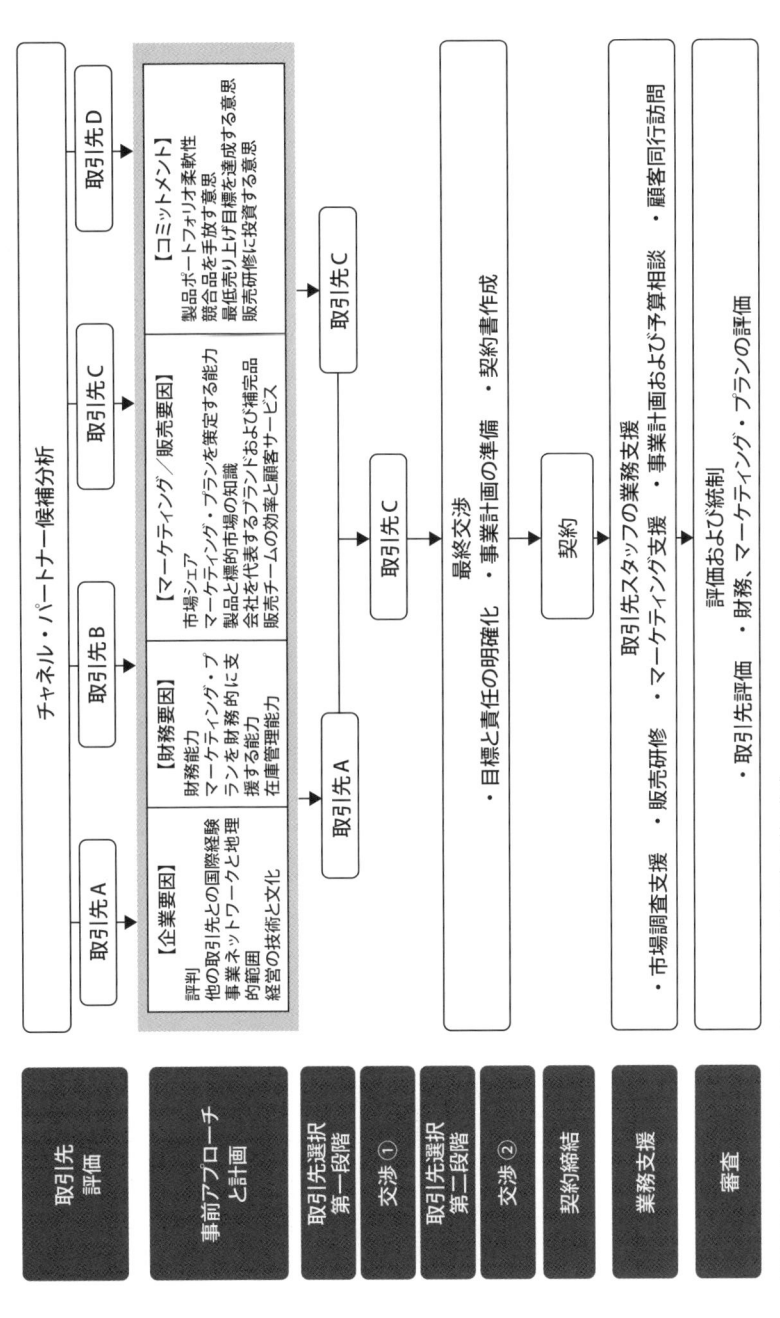

図表 5-6 チャネル・メンバー評価プロセス

筆者は、今まで米国市場で数多くのレップと仕事をしてきたが、その実務経験から、チャネル関係はパートナーシップであると確信している。上記のような実利的なアプローチのほかにも、チャネルはパートナーシップであるという認識をお互い共有することもきわめて大切であると思う。

　B2Bの売り手企業からチャネル・メンバーに対して、専門知識や営業サポートが提供されることで、チャネル・メンバーはそのB2Bの売り手企業をパートナーとして認識するようになる。

　少し古いが、アンダーセン、ロディッシュ、バートンによるチャネル・メンバーに関する調査[8]でも、B2B企業は、チャネル・メンバーとの信頼関係の構築、表彰制度、製品トレーニング、円滑なコミュニケーション、ディストリビューターとの戦略や目標の共有、建設的なフィードバックなどにより、自社製品に投入される資源レベルを引き上げることができることが明らかになっている。

　上記の調査にもあるように、チャネル・メンバーのパフォーマンスを強化する方法の一つが、メンバー間における情報共有の促進であることは間違いない。チャネル・メンバー会議を少なくとも年に一回程度開催し、各メンバーと経営に関する基本的な考え方やマーケティング戦略に関する意見交換を行う。共同で実践するプログラムを策定してもよい。

　時には、タイムリーなテーマでシンポジウム的な講演会や最新のB2Bマーケティングに関する研修会を開催して、ノウハウを共有することも有益である。このような会議の場で、チャネル・メンバーは自分の意見を述べる機会が得られ、チャネル政策の意思決定プロセスに直接関与することができる。

　チャネル・メンバーは方針や政策に関して、いわゆるオーナーシップ感を持つことができる。これから推進していく政策は、B2Bの売り手企業と自分たちチャネル・メンバーで決めたものであるという感覚を持つことができる。

---

8) Erin Anderson, Leonard M. Lodish and A. Barton Weitz（1987）"Resource Allocation Behavior in Conventional Channels," *Journal of Marketing Research* 24.

この感覚がコミットメントにつながる。当然のことながら、聞くだけではなく、参加者の考えをチャネル政策決定に積極的に反映させていくことが大切である。

　チャネル・メンバーからやる気を引き出すもう一つの手段が、何と言っても報酬である。業界平均や競合となっているサプライヤーの水準より低い報酬では、メンバーのやる気を長期的に維持することは難しい。手数料やマージンが取り決めよりも低かったとか、予想を下回ったということになると、マージンのより大きな製品に気持ちが移ってしまうことにもなりかねない。
　B2Bの売り手は、パートナーと契約締結する際は、手数料やマージンも含めて詳細条件について契約内容を十分考慮しなければならない。できるだけ業界標準を押さえておくこと。万が一契約を解消する際にも、こうした事前の取り決めが役に立つ。

　Morgan and Hunt（1994）[9] は、チャネル・メンバーに次のような状況が存在するとき、強い参加意識と信頼関係が生まれるという。
　（1）売り手企業から他社を上回るオファーを提示された場合。
　（2）売り手企業が類似した企業理念を持つ、ほかの企業と提携する場合。
　（3）売り手企業と、市場および業績に関する有益な情報を共有できている場合。
　（4）売り手企業には、チャネル・メンバーである自分たちを都合よく利用するような意図がないと確信できている場合。

　以上のような点に留意しながらチャネルを管理することで、B2B企業は持続的な競争優位を維持することが可能になると考える。

9）Robert M. Morgan and Shelby D. Hunt（1994）"The Commitment-Trust Theory of Relationship Marketing," *Journal of Marketing* 58.

第6章

販売促進

コミュニケーションを設計する

Forming Promotional Programs to
Integrate the Communication Mix

コミュニケーション活動は、B2Bマーケティング全般の中では、あくまでも製品や営業に比較してという文脈においてではあるが、伝統的にそれほどスポットが当たる分野ではなかった。B2B市場においては、コミュニケーションはどちらかというと、営業活動のサポート機能という位置付けで扱われてきており、研究分野としても、注目され始めたのは比較的最近のことである。

実際に、営業活動とともに適切に統合されたコミュニケーションを展開することにより、B2Bマーケティング戦略全体をかなり効率的、効果的に遂行することが可能になることが明らかにされている。

本章では、まず、B2B市場における購買プロセスの特性とそれに対する伝統的なコミュニケーションである広告に関する要点を押さえたうえで、B2B市場における広告の効果とB2Bソーシャル・メディアなどをはじめとする今後のコミュニケーションの可能性についてコメントする。

1 組織の購買行動のプロセス

まず、事例を一つ紹介したい。某自動車メーカーに協力をいただいて実施した調査である。その企業の購買センターを構成するメンバー（具体的には、資材・購買、技術開発、生産技術、生産管理、企画の各担当者）に対して、その企業にとってのメイン資材サプライヤーの新聞広告が掲載されている新聞に10分間で目を通してもらい、その新聞の中で関心のある記事について一人ずつ紹介してもらうという調査である[1]。

その結果、技術開発担当者からは、そのサプライヤーの記事に強く関心を持ったというコメントとともに、当該記事の内容について自分自身の業務と関連させてかなり詳細な説明を聞くことができた。

---

1) 実施時期は2014年6月上旬、自動車メーカーの購買センターを構成するメンバーを対象に日本国内で実施。

それに対して、資材・購買担当者の場合は、同じ新聞の中でも、まったく別の会社の海外生産シフトに関する記事に興味を持ったということであり、逆に当該サプライヤーの記事に関してはほとんど記憶にないというコメントであった。生産技術担当者からは、技術開発担当の場合と同様に、その資材サプライヤーの記事について詳細な印象コメントを得ることができた。

　この調査から、同じ自動車会社の購買センターのメンバーであるにもかかわらず、主要資材サプライヤーの広告に対してかなり異なった印象を受けているという事実が明らかになった。どうしてなのか。

　その資材サプライヤーは当該自動車メーカーにとってはTier1に位置付けされる会社であり、その記事は、エネルギーの効率化につながる基礎研究に関する取り組みを紹介するものであった。自動車メーカーとしても長期的にはきわめて重要なテーマであった（特に技術開発担当者にとっては）。同じ会社、メーカーであっても、購買センターのメンバーはそれぞれの立場により、関心や選好がかなり異なることがうかがえた。

　このようにB2B市場における顧客の購買行動は、異なる立場の複数のメンバーから構成される、いわゆる購買センターによって推進される点が特徴的である。

　購買行動のプロセスは、購買センターが主体となり数社のサプライヤーが想起されるところからスタートする。

　次に、想起集合のリストの中から、購買企業の基本戦略に基づいて、真剣に検討されるべきサプライヤー数社がスクリーニングされて絞り込まれる。これが考慮集合である。

　その中から購買センターを構成するメンバーの個人的な選好要因、それに加えて、購買センターという集団としての選好要因を基に最終的に組織としてのサプライヤー選択が行われる（図表6-1）。

　つまり、組織の購買行動には、第1章でふれたように以下の4つが影響要

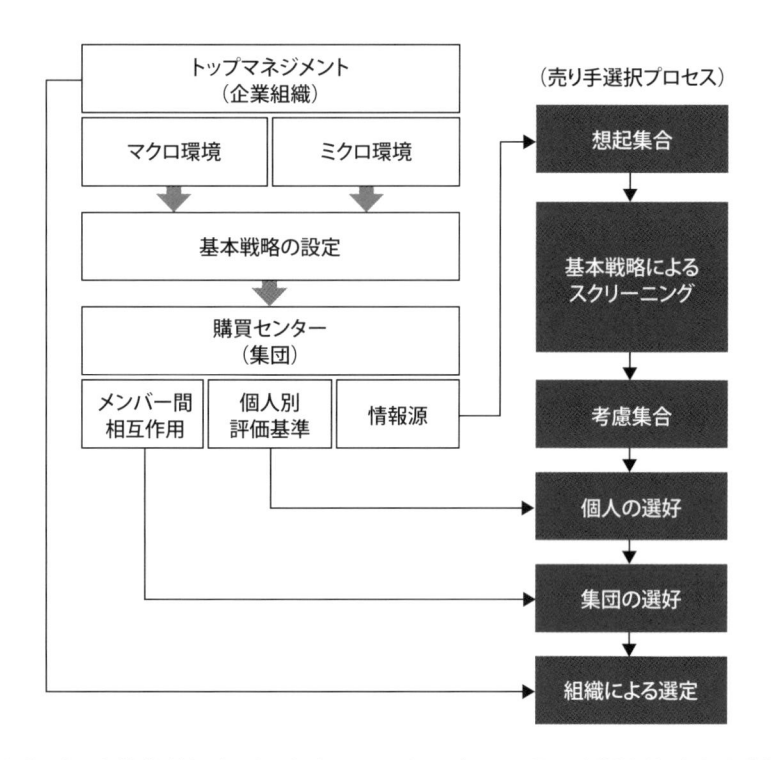

（出所）笠原（2016）「産業財市場（BtoB）マネジメントに関するアプローチの提言～産業財領域における価値共創営業～」立教大学大学院ビジネスデザイン研究科編『ビジネスデザインと経営学』創成社。

因として作用すると考えられる。

　　　組織の購買行動＝f（環境要因、組織要因、集団要因、個人要因）

1. 環境要因（マクロ環境、ミクロ環境［顧客、競合、自社］）
2. 組織要因（企業の基本戦略、具体的には、事業領域、目標、競争戦略
   　など）
3. 集団要因（購買センターのメンバー間の相互作用など）

4. 個人要因（個人別評価基準、情報処理、KBFs[2] など）

　上記の購買プロセスを展開する過程で、個々のメンバーの心理的状態が変化すると考えられる。消費者行動論のファネルを流用して説明すると以下のようになる。

　認知（recognize）⇒ 理解（comprehend）⇒ 態度（attitude）⇒ 意図（intention）⇒購買（purchase）というステップである。

　まず、顧客はサプライヤーの存在を認知して、各サプライヤーの提案内容をしっかり理解する。そのうえで、提案内容が良いか悪いかという判断をする。これが態度である。さらに購買する意図を固め、社内での稟議を経て予算を確保して購買に至るのである。

　B2B市場の場合は、傾向として、提供する製品になにがしかのカスタマイゼーションを求められる傾向が強く、受注活動のプロセスが複雑になり、結果的に提供するものが高額になる場合が少なくない。顧客数は比較的限定的であり、いわゆるリッチネスが高く、リーチが狭いという状況である。

　以上を考慮すると、アクセス方法としては直接販売が理論的に適していると考えられる。

　しかし、上記のプロセスを直販の営業チームのみで展開することに限界はないだろうか（特に効率性という点において）？

　営業担当が顧客一社を一回訪問するのにどの程度のコストがかかっていると考えたらいいのだろうか？

　仮に営業担当者の一年間の賃金およびその他の費用を合計してシンプルに1,200万円として、年間稼働日数を200日、一日あたりの費用を6万円、平均的に一日3顧客を訪問できると仮定すると、一訪問あたりの費用が2万円となる。本来であれば交通費、宿泊費や多少の接待費なども入れる必要がある。

2）KBFs＝key buying factors.

これらを加えると一回の訪問にかかる費用はさらに高額になる。

　単に認知レベルを向上させるためだけの訪問として考えると、営業はきわめて高くつく手段である。では、逆に一回の訪問で態度や意図まで形成させることができるかというとそれもかなり難しい。つまり、営業活動のみでは、きわめて効率の悪いマーケティングになる可能性が高いのである。それを補完するのが広告等のコミュニケーション活動である。

　次に広告について考えてみたい。

2 企業間広告の役割

　前述の購買プロセスを営業活動の視点から見ると、製品やサプライヤーについて認識のない見込み客に、製品やサプライヤーを認識させ、ブランド選好に導き、購入によって要件が満たされると確信させ、最終的に実際に購入へ導くプロセスと考えることができる。

　高嶋克義（神戸大学大学院教授）は、広告をよく見るケースと見ないケースを比較して、「ある企業の広告をよく見る購買担当者は、そうでない担当者に比べて、その販売企業のカタログ・パンフレットをよく利用する傾向がある」と指摘している[3]。

　企業広告はまた、製品に対する選好を促すのに一役買うこともある。しかも"費用効率良く"である。また、広告によって企業の独自性やイメージを構築することもできる。

　米国では、ヒューレット・パッカード、デル、IBMなどが、『ビジネスウィーク』などの業界誌の広告やテレビ広告までも使って自社ブランドの価値をアピールし、幅広い読者を対象に自社の好ましいイメージを構築しよう

3）高嶋（1998）『生産財の取引戦略〜顧客適応と標準化』千倉書房。

としている。米国市場でも最近NECや日立製作所などが洗練された広告をテレビ媒体に展開するようになっている。

◉─── 企業間広告の限界

　効果的なコミュニケーション・プログラムを作成するには、すべてのコミュニケーション・ツール（広告、広報、販促、SNS等）を組み合わせて、統合型プログラムとして各ツールをそれぞれが最も効果を発揮するコンタクトポイント（ターゲット・セグメント顧客との接点）で活用することが理想である。

　また、当然ではあるが、B2B広告に限界があることも踏まえておく必要がある。つまり広告は、効果的な対面の営業活動の代わりになるものではないということである。広告は、営業活動を補い、支え、補完するものとして考えておくべきである。

　前述のとおり、営業活動は本来、高くつくものであるため、単に認識を促す、あるいは情報を発信するためだけに展開することは避けなければならない。上記の目的は、むしろ広告によって達成すべきものと考えることができる。

　また、広告だけで製品選好を促すことは難しく、実際に顧客を商品選好に導くには、デモンストレーションや説明、運用試験などの販促が必要である。

　前述の高嶋（1998）は同じ調査の中で、専門誌を通した広告活動と「好意的なイメージ」の間には有意な関係は見いだされなかったとしている。やはり広告は認知を高めることはできるものの、態度形成にまでは至らないということである。

　さらに顧客を説得し、実際に購入に至らせるには、営業活動が必要不可欠である。広告は、認識を促し、情報を提供し、営業担当者のために重要な見込み客を発掘するうえで補助的な役割を果たすものと考えるべきである。

◉─── B2B広告のプロセス

　下記の広告決定モデルは、各種広告論を参考にしながら整理したものであ

る。B2B広告の管理に必要な構成要素を示している。広告のプロセスは広告の使命（mission）を明確にすることから始まる。この広告の使命は、マーケティングで定めている上位の目標から導き出される。ターゲット顧客市場（market）の望ましい状態とは何か。認知、理解、態度などをどうしたいのかということである。

次にその使命を実現するためにどのような活動が必要かを検討することになる。具体的なコミュニケーション・メッセージ（message）を作成する。その際、前述のとおり、対象がエンジニアか購買担当者かによってかなり求められるコンテンツが異なることに留意する必要がある。

コンテンツと同時に、対象とするターゲット顧客市場に接触するために利用するメディア（media）を購買センターのメンバーのレベルで見極め、選択する。主として専門誌、業界誌などの媒体が選択される傾向がある点もB2B広告の特徴である。

上記のプロセスを通して、ターゲット層から具体的な意識や行動を引き出すことを目指した広告キャンペーンが構築される。こうした活動は、どのくらいの支出（money）がかかるのかをチェックしておく必要がある。最後の、そしてきわめて重要なステップが、キャンペーンの有効性を測定（measurement）することである。

以上が広告論で一般的に指摘されている6つのMである。その結果を踏まえて上記の広告プログラムの全体あるいは、一部に修正（modification）を加えながら、マーケティング目標を実現していく。全部で7つのMをポイントとして押さえておきたい（図表6-2）。

◉——広告使命の明確化と指標化

広告によって何を達成すべきかがわかれば、広告予算をより正確に決定することができる。使命は、同時に広告活動を評価するための基準にもなる。

広告の使命を明確にするうえで、担当者は次の2点を理解しなくてはならない。

図表6-2　企業間広告のプログラム

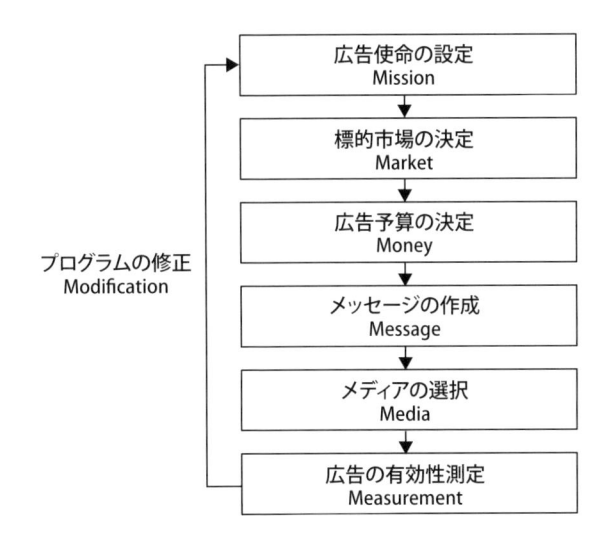

(1) 広告はマーケティング戦略全体の目標を達成するためのものである。したがって広告の使命は、戦略全体の狙いを反映したものでなくてはならないということ。

(2) 広告プログラムの使命は、広告にふさわしい役割、すなわち認識を促し、情報を提供し、意識に影響を及ぼし、購買センターに対して、企業や製品の存在を思い出させるという役割に対応するものでなくてはならないということ。

　また、広告使命は、測定可能でかつ現実的な目標に変換しておくこと。つまり、何をいつまでに達成すべきかを数字として明確にしておく必要がある。目標とは、広告プログラムの作成、調整、評価に携わる全員にとって、進むべき一つの方向性を示唆するものである。使命を目標に適切に変換しておくことで、使命は広告活動を評価する基準としても機能する。

例えば「エネルギー効率といえば当社ブランドの業務用エアコンを連想するというゼネコン顧客の割合を、2018年1月の測定時の15％から2018年3月までに30％に増やす」といったものである。

　この目標があることで、広告プロジェクトにかかわる全員が、ゼネコンの購買センター構成員の目に触れるメディアを選択し、それを利用して伝えるべきメッセージを作成するよう導かれるのである。目標はまた、達成度や成果を測定する手段にもなる。

◉──対象とする顧客セグメント

　広告の役割の一つが、営業担当者では接触しにくい購買センターのメンバーにアクセスすることである。このプロセスでは、ターゲットとされる購買企業の中で、購買意思決定に強く影響を及ぼすと想定されるキーパーソンを明確にすることが望まれる。

　キーパーソンとは、経営トップとのコミュニケーションが自由にでき、現場にも精通しており、知識レベル、専門性、関与度が高く、購買企業の内で重要な情報の結節点になっているような人である。

◉──クリエイティブ・ステートメント

　最後に検討すべきは、メッセージを具体的に決める基準となるステートメントである。この作業で大事な点は、ターゲット市場セグメントにおいて製品をどのようにポジショニングするかということである。

　製品のポジショニングは、ターゲット・セグメントが製品をどうとらえるかと関係している。

　例えば、先ほどの業務用エアコンが、信頼性は高いが、エネルギー効率がよくないというポジショニングで対象顧客に認識されており、最近の製品開発によりエネルギー効率が大幅に改善されたという事実がまったく反映されていない状況だったとする。

　プロジェクト・チームでは、単に"信頼性の高いエアコン"から、"高性能

でエネルギー効率の高いエアコン"へと位置付けを修正する（これをリポジショニングという）ためのステートメントをベースに、テーマ選定、コピー作成、メディア選択などが行われることになろう。

特に新興国市場でB2Bマーケティングを展開する際に、先進国で評価される小型、省エネ、薄型、消音という特徴が、むしろマイナスに評価される場合があるということも認識しておきたい。物理的に大きく、稼働音がそれなりにあり、振動が伝わってくるような装置のほうが評価が高い場合、どのようにポジショニングをとるか、標的市場、提供物も含めてコミュニケーションを考える必要がある。

●──メッセージの作成

メッセージに関していくつかのポイントを述べたい。

まず、専門的過ぎるメッセージは、受け手の立場によっては、情報を探そうという欲求につながりにくくなる可能性があるということを指摘しておきたい。これは、専門的なメッセージは操作の難しさを連想させるためである。

前述の研究で示唆されたように、技術系のバックボーンを持っている顧客（例えば、エンジニアや建築家など）は専門的な広告に対して好意的に反応する一方で、非技術系の顧客は専門的でない広告に対し、より好意的に反応する傾向があるということを意識しておくことが大事である。

次に、顧客が購入するものは、物理的な製品ではなく、"顧客のニーズを充足させるすべてのもの"であり、"問題解決"であり、それによって生み出される"顧客価値"であるという点である。

顧客が本当に求めているものは、製品や装置ではなく、例えば、何らかの作業をより効率的に行う方法、最終製品をより安く製造する方法、品質を向上させること、納期を短縮すること、ダウンタイムを最小にすること、売り上げを増やすことなどである。

広告メッセージは対象とする顧客が求めている効用を増やすことや負荷を

減らすことに着目し、自社の製品によってそれが享受されることをターゲット顧客に納得させる必要がある。

　数年前には国内では奇をてらった画像とともに、ひたすら社名を連呼するようなタイプのB2B企業の広告が見受けられたが、こうした漠然としたメッセージ広告に比べて、直接行動に働きかける、または行動のきっかけとなるメッセージは、「強力」と考えられる。広告コンサルタントのロバート・レモンズは、次のように述べている。

　優れた「行動のきっかけ」を生み出す広告は、実際に販売プロセスを始動させることができる。試験報告を約束し、製品デモを行い、顧客を自社ウェブサイトの特別なセクションに誘導する。（中略）自社製品が同じ分野の他社製品と比べてどうかを伝える。

　誰もが多忙をきわめている昨今、その中で検索を迅速に行ったり検索の範囲を狭めたりできる何かを顧客に提供できれば、お金では買えない何か、つまり自由な時間を彼らに与えることになる[4]。

　また、サンフランシスコ在住のあるICTコンサルタントは、"Your products must be liked by the CFO of the targeted customer"（製品はターゲット企業顧客の財務担当重役にも評価されるものでなければならない）と示唆に富んだ指摘をしている。

　最後に、顧客の求める"顧客価値"や"問題解決"は、顧客セグメントによって大きく異なるということを忘れてはならない。すでにSTPや製品のところで言及しているが、購買決定要因（KBF）がすべてのセグメントに共通していると考えてはいけない。

　製品開発のプロセスにおいても市場セグメントの概念が重要であるが、効

---

4) Robert Lamons（November 19, 2001）"Tips for Distinguishing Your Ads from Bad Ads," *Marketing News*: p.10.

果的な広告メッセージを作成する際にも必要に応じて、フィールド調査を行い、主要セグメントごとのKBF、問題解決、増やしたい効用、減らしたい負荷などを把握しておくことが求められる。

● 広告の有効性評価と効果

　広告が即、引き合いや受注につながるということは期待できないかもしれない。しかし、広告が認識を促す、その会社に対するロイヤルティを刺激する、あるいは製品に対する好意的な態度を促すことを使命としている限り、広告投資に対するリターンを何らかの方法で実証しておくことが望まれる。

　マーケティング活動の成果を適切に測定できる企業は、競合他社に比べ採算性や株価収益率が高いという調査結果も出されている[5]。

　そもそも、広告の有効性を測定することは、広告とその結果生じる行動、つまり購買決定との間に存在する、いわゆる媒介変数に及ぼす影響を評価することを意味する。

　広告キャンペーン実施前に、自社の製品が特定の目標市場でどの程度認識されているかという現在のレベルを把握しておくことがポイントである。広告キャンペーンが終了したら調査を行い、実施前のデータを基準として、ターゲット市場セグメントの認識がどう変わったかを調べる。前述の広告に関する7つのMの中で、以下を成果としてチェックしておきたい。

(1) メディア有効性（media）：各メディアを通してどの程度、メッセージが対象セグメントに到達したか、広告が設定した対象セグメントにどの程度到達できたか

(2) メッセージ有効性（message）：メッセージが対象セグメントのキーパーソンの印象にどの程度残ったか

5) Don O'Sullivan and Andrew V. Abela（April 2007）"Marketing Performance Measurement Ability and Firm Performance," *Journal of Marketing* 71: pp.79–93.

(3) 広告使命（mission）：広告の使命がどの程度達成できたか、購買に至るまでの段階、具体的には認知、理解、態度の段階に改善が見られたか

B2B市場では、広告担当者は、広告の間接的なコミュニケーション効果も測定すべきであるという指摘がある[6]。この指摘をする調査研究において、広告が口コミによるコミュニケーションに影響を及ぼすこと（間接的な影響）、口コミ的なコミュニケーションが購買者の意思決定において重要な役割を果たすことが明らかにされている。

つまり広告の有効性を測定する場合、広告の間接的な効果としての口コミへの影響を追加的に測定する必要があることが示唆される。

効果的な広告は営業活動の成果を高める。古い調査ではあるが、ジョン・モリルは、3万の購入場所にて26の製品ラインに関する10万件近いインタビューを実施し、B2B広告が営業活動の成果に及ぼす影響を調べている[7]。

営業担当者による訪問一回当たりの売上高が、訪問以前に顧客が広告を目にしている場合には、そうでない場合に比べて高くなると指摘している。

会社や製品に対する認識が高まるというだけでなく、サプライヤーの広告を目にしたことがある購買者は、そのサプライヤーの営業担当者を、そうでないサプライヤーの営業担当者に比べ、製品知識、サービス、熱意という点で非常に高く評価するということが別の調査で指摘されている[8]。B2B広告の主な役割は、サプライヤーの評判を高めることと考えることができよう。

---

6) C. Whan Park, Martin S. Roth, and Philip F. Jacques (May 1988) "Evaluating the Effects of Advertising and Sales Promotion Campaigns," *Industrial Marketing Management* 17: p.130.

7) John E. Morrill (March-April 1970) "Industrial Advertising Pays Off," *Harvard Business Review* 48: pp.4–14.

8) Eunsang Yoon and Valerie Kijewski (4, 1995) "The Brand Awareness-to-Preference Link in Business Markets: A Study of the Semiconductor Manufacturing Industry," *Journal of Business-to-Business Marketing* 2: pp.7–36.

また B2B 広告に関しては、販売効率を高める効果があることも指摘されている。広告費を増やすと、B2B 市場の場合はブランド認知が高まり、その結果として市場シェアの拡大や利益増につながるのである[9]。厳格にコントロールされた実験計画法を使って、B2B 広告が売上や利益に及ぼす影響を測定する調査が行われた。

　その調査では、広告を行った場合、調査前の広告を行わない期間と比較して売上、粗利益、純利益がはるかに高くなるという結果が出ている[10]。具体的には、粗利益が広告ありの場合、広告なしの場合に比べて5倍から6倍高いという結果である。

3 | B2B市場における新たなコミュニケーション

　ここまで、伝統的な広告というコミュニケーションを中心にコメントしてきたが、B2B 市場におけるコミュニケーションとしては、オンライン広告、検索エンジンを利用した、いわゆるキーワード広告、そしてフォーラム、ブログなどのソーシャル・メディアを通した新たなコミュニケーションが近年大きな影響力を持ちつつある。

　B2B 市場における買い手企業の購買センターでは、検索エンジンで独自の調査を行い、ソーシャル・メディアを通じて同業者や第三者から情報を得ることに、より多くの時間を割くようになっている。

　B2B 企業の中でも、ソーシャル・メディアを利用して見込み客が自分たちの会社について何と言っているかを観察し、自社の製品やソリューションを探している見込み客の関心を引き、ソーシャル・メディアでのやりとりに応じてマーケティングや販売のフォローアップを調整している企業は少なくない。

---

9) "New Proof of Industrial Ad Values," *Marketing and Media Decisions* (February 1981): p.64.
10) "ARF/ABP Release Final Study Findings," *Business Marketing* 72 (May 1987): p.55.

ここでは、B2Bソーシャル・メディア、検索エンジン・マーケティングについてコメントする。

◉── B2Bソーシャル・メディア

　B2Bソーシャル・メディアとは、ソーシャルウェブのチャネル形態と考えることができる。

　そこでは買い手としての見込み客と売り手としてのB2B企業がディスカッションフォーラムやブログ、ソーシャルネットワークなど多種多様なプラットフォームを通じてコミュニケーションをとり、コンテンツの交換を通じて互いにかかわり合う。

　まず、ウェブ関連用語の定義を一部以下に紹介する。

- ・Discussion forum（ディスカッション・フォーラム）：参加者が特定の話題に関する意見や質問を投稿することでオンライン・ディスカッションを行うウェブサイト。
- ・Blog（ブログ）：個人が管理するオンライン日記。管理者はコンテンツをアップロードして情報を伝えたり、意見を述べたり、議論を促したりする。
- ・Social network service（ソーシャル・ネットワーク・サービス）：インターネット上でコミュニティを形成し、ユーザー同士がさまざまな形でコミュニケーションできる会員制サービス。代表的なソーシャル・ネットワーク・サービスとしては「LinkedIn」、「Facebook」などが挙げられる。個人やグループのオンライン・プロフィールで構成されるウェブサイト。コンテンツを他者に配信する。

◉──意思決定プロセスへの影響

　上記のような売り手側の取り組みは、買い手企業の購買センターを主体とした購買プロセスにどのような影響を及ぼしているのであろうか。以下は、

B2Bマーケティングで従来から用いられてきた購買意思決定プロセスのモデルである[11]。

1. 問題の認識（ニーズ）：検討のきっかけが発生し、問題が顕在化
2. 必要財の把握（ウォンツ）：問題解決のための調達物の概要を整理
3. 必要財の記述（スペック）：調達物の具体的要件の検討
4. 調達源の探索（サプライヤー）：調査先に関する調査と指名業者の選定
5. 提案書の取得と分析（プロポーザル）：RFP[12]の作成と提案書取得・分析
6. 提案書の評価と業者の選択（エバリュエーション）：提案書の評価と選択
7. 発注手順の選定（プロシージャー）：納入に関する条件と手続きの取り決め
8. 成果のフィードバック（フィードバック）：取引結果の総合評価

　上記のプロセスに関して、ソーシャル・メディアを利用することで顧客の内部でどのような変化があるのであろうか。マッキンゼーの戦略コンサルタントであるデイビッド・C・エデルマンの研究を参考に検討したい。エデルマンは以下のように述べている[13]。

　マーケティング担当者は、デジタル・メディア・チャネルにより、顧客の購買意思決定のプロセスがどう変わったかを認識しなくてはならない。5つの産業の2万人近い消費者を対象とした調査の結果、購買を決めさせる唯一、最大の力は他の誰かの支持であることが判明した。

　しかし多くのマーケティング担当者はまだ、こうした第三者の支持をとりつけることより、メディア（特に広告）に支出することに熱心である。

　このことは、マーケティング予算が充てられる場所と、消費者が最も影響を受けるタッチポイントとの間にずれが生じていることを示している[14]。

---

11) Robinson, Faris, and Wind（1967）を基に訳出し加筆した。
12) Request for Proposal（提案依頼書）
13) David C. Edelman (July 2011) "Aligning with the Consumer Decision Journey," Idea in Practice, *Harvard Business Review* 89: pp.1–4.

エデルマンは、Global Lightと呼ばれる照明会社が、自社の顧客の購買決定プロセスを研究し、その結果、顧客へのアプローチ戦略をどのように変えたかを説明している。

Global Light社は公共建設、小売、サービス業といったB2B顧客を対象市場としてライトニング（照明）製品やそのシステムを提供している。この会社は顧客がどのようなプロセスで情報を集め、選択肢を評価し、ライトニング製品を購入するかを把握するため、40人の顧客（建築家や建設管理者など）にインタビューを行った。このインタビューから、顧客はメーカーやその販売代理店に接触するよりも前に、オンラインで広範なリサーチをしていることがわかった。

また、顧客が事業者団体を通じて、あるいはブログと連結したスレッドでディスカッションをしたり、助言をし合ったりしていることも把握した。さらに、LinkedInでも情報交換が行われていることも判明したのである。

要するに、見込み客や顧客はメーカーや販売業者のウェブサイトよりも、コミュニティ・サイトやソーシャル・サイトにより多くの時間を使っていたということである。

この調査から、同社の戦略担当者たちは、意思決定プロセスには彼らが留意していなかった2つの重要なステップがあることに気付いた。

1. インスピレーション：この段階では、顧客はオンライン・チャネルに問い合わせ、アイデアを探し、生み出し、比較する。

2. シェアの段階では、顧客は各種のソーシャル・メディアを利用して自らの経験を語る、あるいはケース・スタディとして投稿する。

---

14) David C. Edelman (December 2010) "Branding in the Digital Age: You're Spending Your Money in All the Wrong Places," *Harvard Business Review* 88: p.2.

戦略担当グループはさらに、顧客が、照明の性能と設置費用との間にある
トレードオフ（二律背反性）をどのように判断して、妥協点を見出したらよ
いのか悩んでおり、それを解決できる計算式のようなツールを見つけようと
していることを知った。Global Light社はこうした顧客の洞察を基に、新た
に顧客市場に対するアプローチ戦略を練り直した。

　顧客プロジェクトを完成させたら、まずマーケティング・チームは顧客に
同社のウェブサイトにケース・スタディを投稿し、プロジェクトの特徴や自
らの経験を詳しく語ってもらう。こうしたケース・スタディと、それに関連
する画像を見込み客に送り、またコミュニティ・サイトにクロス・ポストす
る。
　2番目に、同社はマーケティング部長と営業担当者からなるチームを結成
し、彼らは交代でコミュニティ・サイトを監視する。チームは質問に答え、
製品に対する好意的なレビューにリンクを貼り、新製品を発表する。
　3番目に、顧客の大部分が技術的な仕様に関するデータの収集については
会社のウェブサイトを信頼することから、Global Light社はこの情報をこれ
までよりかなりアクセスしやすいものにした。
　さらに、顧客の成功事例を、サイト訪問者が検討している製品に直接リン
クさせる各種ツールを追加し、建築家や照明デザイナーがさまざまな種類の
空間に必要なワット数や総所有コストなどについて、十分な情報を得たうえ
で製品を選択できるようにした。

　こうした変更を実現するため、Global Light社はデジタル戦略担当の新し
いVP（Vice President）を雇い入れ、ソーシャル・メディアやサイトの設計
に追加投資を行った。同社は新たにコールセンターを開設し、販売業者の能
力を強化するプログラムを開発した。同社は新しく練り直した戦略に対する
市場の反応から、投資利益率が5倍になると予測している。
　Global Light社のケースは、B2B市場における意思決定がソーシャル・メ

図表6-3　営業、広告、SM（ソーシャル・メディア）の役割分担

購買センター		販売センター			
購買プロセス	購買活動	営業活動	営業	広告	SM
①問題の認識（Needs）	検討のきっかけが発生し、問題が顕在化	きっかけの提供、引合審査、戦略把握	●	●	●
②必要財の把握（Wants）	問題解決のための調達物の概要を整理	問題解決の大枠の明確化支援	●	●	●
③必要財の記述（Specification）	調達物の具体的要件の検討	顧客の調達物の詳細設計の支援	●		●
④調達源の取得と分析（Suppliers）	調査先に関する調査と指名業者の選定	見積書と提案書の作成・提出	●		●
⑤提案書の取得と分析（Proposals）	RFP（依頼書）の作成と提案書取得・分析	質問への対応、受注条件の把握	●		
⑥提案書の評価と業者の選択（Evaluation）	提案書の評価と選択	交渉、詳細条件の詰め	●		
⑦発注手続きの選定（Procedure）	納入に関する条件と手続きの取り決め	設計、製造、施工部門への引継ぎ	●		
⑧成果のフィードバック（Feedback）	取引結果の総合評価、フィードバック	問題解決、顧客成長の継続的サポート	●		●

（注）●有効性が期待される、SM＝ソーシャル・メディア。

顧客はオンライン・チャネルに問い合わせ、アイデアを探し、生み出し、比較検討する。

顧客は各種のソーシャル・メディアを利用して自らの経験を語る、あるいはケース・スタディを投稿する。

ディアの時代において少なからず変化しているということを示唆している。顧客は、売り手企業の営業担当、従来の広告に加えて、ソーシャル・メディアでの情報収集、意見交換からも経験を積んでいるのである。図表6-3に、伝統的なモデルに実際のソーシャル・メディアの活用を加えて整理した。

●──検索エンジン・マーケティング──キーワード広告

前述のように、購買プロセスのそれぞれの段階を通じて購買センターにアピールするためには、グーグルやヤフーなど主要なインターネット検索エンジンによるキーワード広告が有効である。

近年マーケティング・メトリックス[15] の一環として、マーケティング担当者は、広告投資に対するリターンを実証しなければならないというプレッシャーに晒されている。こうした状況において、キーワード広告には有無を言わせない魅力がある。キーワード広告は、自社の製品やサービスに具体的に関連した用語で検索をする見込み客の探索につながるということで注目されている。

この広告は、ユーザーが広告をクリックしたときだけ料金が発生する。キーワード広告は、各種マーケティング手法の中でも、最も見込み客一人当たりの平均コストが安いという調査結果も出ている[16]。

マイケル・D・ハットとトーマス・W・スペイ[17] は、その著書の中で、グーグルの企業間サービス業務を指揮するRuss Cohnのキーワード広告に関するコメントを紹介している。「キーワード広告を成功させるための指針」は、以下のとおりである。

1. 自社のウェブサイトが、わかりやすい階層構造になっていて、テキストリンク、情報満載のコンテンツを提供し、検索に適していることを確認する。
2. ユーザーにとっての検索能力を最終ゴールとして考える。うまくいっている広告は、欲しい情報やソリューションへと導くものである。
3. 自社のウェブサイトや宣伝する製品を正確に反映した単語を選んで、か

---

15) マーケティング・メトリックスとは、マーケティングに関する施策の効果を数字で定量的に測定し、見える化して、実効性を評価しやすくする方法論。

16) Russ Cohn, "Unlocking Keyword Advertising," *B2B Magazine*、http://www.thefreelibrary.com/Google＋Named＋Top＋5＋Business-To-Business＋Media＋Property%3B＋BtoB＋Media…-a0101181530

17) Micheal D. Hutt and Thomas W. Speh（2012）*Business Marketing Management b2b.*

つ適切に的を絞ったキーワードリストを作成する。

4. キーワードを使用して、独自の価値提案をわかりやすく、かつ差別化された内容で展開する。

5. 結果を追跡し、すべてを測定する。
    ・クリック・スルー率をチェックし、キャンペーンを調整する。
    ・さまざまなキーワードと広告のコピーをテストする。
    ・無料の会話追跡ツールを使用して、最大の利益を生むキーワードは何かを分析する。
    ・投資収益率を計算する。

第 7 章

営業活動

買い手の価値を実現していく

Managing the Personal Selling
Function for Creating Customer Value

戦略的B2Bマーケティングにおける7つのステップの最後が営業である。ステップ1〜6までの活動が、潜在市場に向けた働きかけとしてのマーケティングである。ステップ7の営業は、マーケティングによる働きかけの結果、ニーズを自覚した実際の買い手企業（あるいは、買い手になる可能性の高い企業）に価値を実現していく活動と考えられる。

　本章では、まず営業の本質を整理した後に、営業戦略、それを支える営業形態、営業プロセスの順に解説する。

1 営業の本質とは何か

　マーケティングが潜在的な市場に対するアプローチであるのに対して、営業は顕在化された市場に対する働きかけであり、役割が異なるというのは前述のとおりである。

　営業については、マーケティングで設定された仮説としての戦略を検証しながら実践していくプロセスと言い換えることができよう。ここでいう仮説としての戦略とは、ターゲット市場とそれに対する提供物の組み合わせである。

　ターゲット市場として設定した顧客に仮説的提供物を提示することで、その顧客から新しい要件定義を引き出す。その定義に基づいて、売り手企業はオリジナルの提供物に修正を加えながら、最終的には顧客の問題解決を顧客と協働的に[1]実現していく。

　このような相互作用に基づく協働的交換プロセスを通して、営業は、提供物そのものだけでなく、アイデア、アドバイス、サポートなどを、さらには、仲間意識、共感、友情、信頼感、社会的紐帯感[2]、コミットメントなどを買

---

1) 複数の主体が、何らかの目標を共有し、得意なスキルを活かして、ともに力を合わせて活動することをいう。
2) 紐帯とは、愛着、愛情、友情、尊敬の念を構成要素とする社会的つながりを意味する。

図表7-1　売り手と買い手間の交換対象

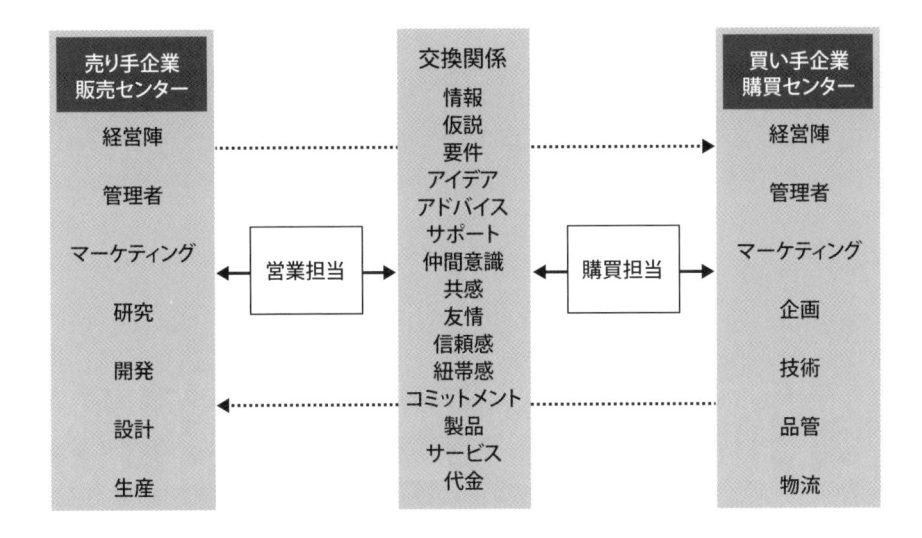

い手企業との間で交換することになる（図表7-1）。

　営業管理という言葉が各社で使われているが、管理する対象は、いったい何であろうか。管理する対象は、営業担当者でも、営業担当者の行動でもなく、また、顧客や業績でもなく、売り手企業と買い手企業の間の関係なのである。

　同じような製品を提供している企業の間で、顧客の離反率に違いがあるのはなぜだろうか。また、ある企業内の同じ製品事業部の中で、顧客ロイヤルティに営業チーム間で違いがあるのはなぜだろうか。それは、顧客企業との関係づくり（customers relating）能力の違いではないだろうか。

●──売り手と買い手の関係にかかわる5つの要素

　序章のB2Bマーケティングに関する研究の経緯のところで述べたが、売り手と買い手の関係をテーマにした研究（主として関係性マーケティング理論）の成果を基に、売り手企業と買い手企業の関係にかかわる視点を整理してみ

た[3]。

　既存研究として、取引コスト・アプローチ（Williamson 1975）[4]、パワー基盤論（French and Raven 1959）[5]、相互作用アプローチ（Håkansson 1980[6]、Ford 1998[7]、Campbell 1985[8] 等）、経済的アプローチ（Heide and John 1990[9]、Morgan and Hunt 1994[10]、Anderson and Weitz 1989[11] 等）、社会的アプローチ（Gwinner, Gremler and Bitner 1998[12]、久保田 2003[13] 等）のレビューを行い、関係にかかわる視点を5つの要素に集約した（図表7-2）。

　まず、最初が関係の性質（関係性）を規定する要素である。これは、取引する内容が、不確実性の高いものかどうか、取引頻度が高いかどうか、当該取引に限定して特定の投資を求められるかどうか、要求される適応化のレベルが高いかどうか、供給市場がダイナミックに変化しているかどうか、提供されるものが顧客にとって重要なものかどうか、またその内容が高度に複雑

3）笠原（2005）「米国マニュファクチャラーズ・レップの関係性マネジメント」『現代マーケティングの革新と課題』柏木編、東海大学出版を基に修正。

4）Oliver E. Williamson（1975）"Markets and Hierarchies, Analysis and Antitrust Implications," *New York: Free Press*.

5）French, J. and Raven, B.（1959）"The Bases of Social Power" *Studies in Social Power*, D. Cartwright, Ed., pp.150–167. Ann Arbor, MI: Institute for Social Research, University of Michigan.

6）Håkan Håkansson（1980）"Marketing Strategies in Industrial Marketing: A Framework Applied to a Steel Producer," *European Journal of Marketing*, Vol.14. No. 5–6.

7）David Ford, Lars-Erik, Gadde, Håkan Håkansson, Anders Lundgren, Ivan Snehota, Peter Turnbull, and David Wilson（1998）*Managing Business Relationships*, John Wiley & Sons.

8）Nigel Campbell（1985）"An Interaction Approach to Organizational Buying Behavior," *Journal of Business Research* 13, 35–48.

9）Heide, Jan B. and George John（1990）"Alliances in Industrial Purchasing: The Determinants of Joint Action in Buyer-Supplier Relationships," *Journal of Marketing Research*, 27（2), 24–36.

10）Morgan, Robert M. and Shelby D. Hunt（1994）"The Commitment-Trust Theory of Relationship Marketing," *Journal of Marketing*, 58（3).

11）Erin Anderson and Barton Weitz（1989）"Determinants of Continuity in Conventional Industrial Channel Dyads," *Marketing Science*, Vol. 8 Number 4.

12）Kevin Gwinner, Dwayne Gremler and Mary Jo Bitner（1998）"Relational Benefits in Services Industries: The Customer's Perspective," *Journal of the Academy of Marketing Science*, 26(2).

13）久保田進彦（2003）「リレーションシップ・マーケティング研究の再検討」『流通研究』第6巻第2号、9月、久保田進彦（2006）「リレーションシップ・マーケティングのための多次元的コミットメントモデル」『流通研究』第9巻第1号、6月。

図表7-2　売り手と買い手の関係にかかわる視点（5つの要素）

規定要素	促進要素	構成要素		効用要素
		心理的要素	実体的要素	
• 不確実性、取引頻度 • 関係・取引特定的投資 • 適応化（カスタマイズ） • 供給市場のダイナミズム • 提供物の重要性、複雑性	• 学習 • 投資 • 適応 • 価値観の共有	• 信頼 • 社会的紐帯感＝社会的つながり • コミットメント	• 関係終結コスト • スイッチング・コスト • 問題解決に関する知識 • 問題解決能力 • 相対的パフォーマンス	• 協力・協働、相互作用 • 意思決定スピード • 継続性・ロイヤルティ • 長期志向 • 低離反率、顧客シェア

（出所）笠原（2005）「米国マニュファクチャラーズ・レップの関係性マネジメント」『現代マーケティングの革新と課題』柏木編、東海大学出版を基に作成。

かどうかなどによって、買い手企業の求める関係性に違いが出るというものである。

　買い手企業にとって当該取引が重要で、複雑で、不確実性も高く、市場が日進月歩で変化しており、取引頻度も高く、特別の投資が必要となるような状況であれば、買い手企業は、売り手企業と共働的な交換関係を望む傾向が強くなる。逆の状況の場合は、買い手企業は取引的な交換関係を志向すると思われる。

　2つめの関係の促進要素とは、関係の質を高度化させるための手段であり、学習、投資、適応、価値観の共有などが含まれる。売り手企業と買い手企業が、それぞれ相手のことを学習し、相手のためにさまざまな投資をし、相手に適応し、価値観を共有すればするほど、関係の質が高まると考えられる。

　3つめの関係の構成要素とは、質の高い関係の中身である。質の高い関係そのものを構成する要素といってもよい。関係の構成要素は、さらに心理的要素と実体的要素に分けることができる。

心理的要素としては、信頼、社会的紐帯感、コミットメントなどが挙げられる。

　信頼については、「一方のニーズが他方の行動により、将来的に充足されるという信念」、「相手の能力に対する確信と、意図に対する確信という2つの意味」（Andaleeb)[14] 等がある。能力に対する確信がなければ、関係の構築を希望することはないと考えられるため、信頼については「能力に対する確信を前提とした意図に対する確信」ととらえることができよう。

　コミットメントは関係性マーケティングのキー概念であるが、信頼よりももっと強い意味の概念で、関係に対する「のめりこみ」と一般的には考えられる。これをMorgan and Hunt（1994）は、「関係に意義を認め、継続を願い、それに向けて努力すること」と定義している。

　紐帯とは、愛着、愛情、友情、尊敬の念を要素とする社会的つながりを意味する。一方、実体的要素としては、関係終結コスト、スイッチング・コスト、問題解決に関する知識、問題解決能力、相対的パフォーマンスなどが挙げられる。

　よくビジネスの現場で、「いやー、御社と弊社は、"お互い必要不可欠な共同体ですから"」とか、"阿吽の呼吸が通じる中でして"とか、あるいは"一心同体の関係にあり"などと紹介されることがある。これは、問題解決能力が高いということや、競合他社に比べて、相対的にパフォーマンスが高いという誉め言葉であろう。

　場合によっては、"腐れ縁とでも申しましょうか"などと冗談半分に言われることもある。これなどは、関係終結コストやスイッチング・コストが高くなっているということなのであろう。

　最後の効用要素には、協力・協働、相互作用、意思決定スピード、継続性・ロイヤルティ、長期志向、低離反率、顧客シェアなどが含まれる。

14) Syed Saad Andaleeb (1992) "The Trust Concept: Research Issues for Channels of Distribution," *Research in Marketing*.

「能力に対する確信を前提とした意図に対する確信」としての信頼があり、「関係に意義を認め、継続を願い、それに向けて努力する」というコミットメントが形成されている。そのことによって、時には黙従に近い即断即決が行われ、必要に応じて売り手企業と買い手企業の間で、価値共創を行うための場がタイムリーに形成される。

　目標達成に向けて売り手企業と買い手企業の潜在能力がフルに発揮され活用される条件が整備される。当然そうした環境条件は成果に跳ね返ってくる。その成果がさらに、関係を強固なものにしていく。結果として低い顧客離反率と高い顧客内シェアが達成される。

　関係の基盤がないと買い手企業も売り手企業も疑心暗鬼になって、細かいところでの説明や調整に時間がとられて、本来の問題解決まで手が回らないなどということが冗談ごとではなく実際に起きてしまう。

●──営業活動を核にした循環構造モデル

　関係性マーケティングのエッセンスは、関係の質を高めることにより買い手企業の長期志向や協力的行動を強化するということである。

　具体的には、相手について学習し、必要に応じて相手に適応し、積極的に投資をしていくことで表層的に信頼感が醸成され、それがさらに強い深層心理レベルでのコミットメントの形成につながっていく。そして信頼性やコミットメントによって買い手と売り手の間に長期志向に基づく協力的行動が活発に行われるようになり、ビジネスの成果につながっていく。

　繰り返しになるが、学習や適応というのは現象的側面であるが、信頼感やコミットメントは心理的側面である。協力的行動は関係の効用要素であると同時に、取引の相手からすれば、関係をさらに深化させる促進要素でもある。

　いろいろな要素が心理的な側面、現象的な側面から、表層的にも深層的にも関係を促進し、質の高い関係から生み出される効用がさらに促進要素となって、その関係をスパイラル的に発展させていく。

　現時点において検証されている関係性マーケティングのエッセンスを中心

図表7-3　営業活動と顧客関係の循環構造モデル

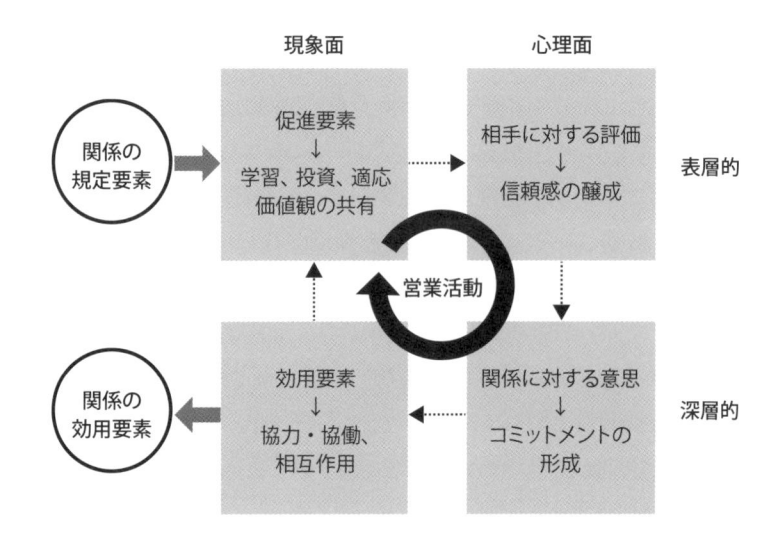

に、営業を核に循環構造モデルとして示した（図表7-3）。営業活動とは、顧客からの引き合いの創出、受注、契約の履行、顧客ケアの過程で、買い手企業との関係の質を意識しつつ、その関係を発展させ、成果につなげていくプロセスと考えることもできる。

　営業活動のプロセスを通して、売り手企業と買い手企業との関係が、どのように変化しているか、現象的側面、心理的側面、表層的側面、深層的側面から押さえておきたい。次の節では、少し具体的な営業戦略について検討する。

2 営業戦略

　センシング・デバイスとAIをコア部品として有している検査装置メーカーが、マーケティング活動を通して、AI内蔵型の超音波異物混入判定システム

図表7-4　**検査装置事業に関するターゲティング**

セグメント	食品 高関与	アパレル 中関与	玩具 低関与
規模　超大手	キー・ アカウント・ チーム	代理店	非標的市場
規模　大手	直販営業	代理店	非標的市場
規模　中堅	代理店	デジタル	非標的市場
規模　中小	代理店	デジタル	非標的市場

を食品とアパレル業界に展開するという戦略を計画したとする。

　第一のターゲット・セグメントとして、関与レベルの最も高い食品業界を抽出し、その中でも比較的規模の大きい企業には直販で、中堅・中小規模の食品企業には代理店経由でアプローチするという戦略を立案したとする。

　アパレル業界もセカンダリー・ターゲットとし、大手のセグメントは代理店経由で、中堅、中小のセグメントはデジタル・ベースでカバーすることにしたという想定である（図表7-4）。

　ちなみにポジショニングは、味の劣化、検査時間、検査準備工数を最小限に抑えて、検査の精度を30％アップさせるというものである。

　営業は顕在化された市場に対する働きかけであり、マーケティングで設定された仮説としての戦略を検証しながら実践していくプロセスであるというのは前述のとおりである。

　本ケースで直販営業がその活動を通して検証しなければならない戦略仮説とは、「味の劣化や検査時間、その手間という負荷（コスト）を最小限に抑え

て、食品を安全・安心に最終消費者に届けることを可能にする検査ソリューションが、規模の比較的大きい食品メーカーに積極的に受け入れられる」というものである。

食品業界でも超大手に関しては、キー・アカウント・チームで、大手は通常の営業チームで、いずれも直接販売の形態で展開するというのがマーケティングで設定された内容である。アパレルでも食品同様に、品質管理の最終工程として検査時間や手間を省いて、異物混入をチェックするニーズがあるということを代理店営業およびデジタル・チャネルを通して検証していくことになる。

マーケティングでは、一応規模と業種でセグメンテーションしたが、営業担当は実際の活動を通して、規模ではなくて稼働率を用いたほうが、実際の顧客に効率的にアクセスできるということを発見するかもしれない。

稼働が高ければ高いほど、生産現場での疲労やフラストレーションが高くなり、異物混入リスクが高まるかもしれないからである。こうした基本情報は常にマーケティングと営業で共有しておきたい。

●──戦略の本質は選択と集中

直販の営業活動は、マーケティングで定めた高関与、大手の食品メーカー群の中で、具体的にどの企業にアプローチをすべきかという優先順位付けからスタートする。これが営業戦略である。

戦略の本質は選択と集中であり、実際の経営ではさまざまなレベルで選択と集中が行われる。

本書のテーマである「戦略的B2Bマーケティング」でいうと、最も上位のレベルで行われる選択が事業領域の選択である。市場の魅力度と資源の適合度という2つの要素を用いて事業領域が絞り込まれるというのは前述のとおりである。

言うまでもないことではあるが、市場の魅力度が高く、資源の適合度が高いところだけに注力すれば事足りるというわけではない。むしろ市場の魅力

度が高いにもかかわらず、自社の資源が不十分であるという領域にこそ優先的に資源を注力しなければならないという判断も十分戦略的には意味を持つ。

次のレベルが特定の事業領域の中における標的セグメントの抽出である。いわゆる市場ターゲティングである。ターゲティングの際も同様に市場の視点と自社の視点から評価・選択することが求められる。

3番目の次元が、最もミクロのレベルでの選択と集中である。具体的には標的セグメントに属すると考えられる買い手企業の中で、優先的にアプローチをすべき固有名詞の買い手企業を抽出する作業である。これが顧客ターゲティングである。

個別企業を選択する際も、市場の視点と自社の視点を持たなければならない。個別の買い手企業が評価の単位になるため、市場としての魅力度ではなく、顧客の魅力度として顧客の購買ポテンシャルを用いる。

また、資源の適合度に関しては、資源の適合度が高ければ高いほど、顧客の中でのシェアが高くなるという考えで、顧客における自社のシェア、つまり顧客内シェアで判断する。

●──顧客評価表を基に顧客ポートフォリオを作成

購買ポテンシャルを構成する要素としては、売上高成長率、営業利益率、設備投資額、主要対象市場の成長性、業界シェアなどが考えられる。こうした要素が高ければ高いほど企業の購買量が高まることが想定される。

顧客内シェアについては、取引実績と言い換えてもよい。これは0％〜100％の範囲でどのあたりかということである。取引が増えるにつれ、顧客のことをより深く理解し適応することが可能になる。その結果、顧客からの信頼とコミットメントが得られ、それがさらなる協力・協働につながっていく。

顧客内シェアを構成する要素としては、購買（金額）シェア、ロイヤルティ、取引実績などが挙げられる。これからさらにシェア・アップが可能か、あるいはもう限界なのか。高いロイヤルティが形成されており、将来にわたり相互作用をしながら成長を志向することのできるパートナー顧客なのか、

懐疑的で少しでも良いオファーがあれば別の売り手に切り替えるような一見顧客なのかを判断していかなくてはならない。

　顧客評価表を基に顧客ポートフォリオを作成する（図表7-5、図表7-6）。ここで用いた顧客評価表（例）では、顧客の購買ポテンシャルを説明する変数として、売上高成長率、営業利益率、設備投資額を用いたが、これらにこだわる必要はまったくない。もっと適切な指標があればそれを採用すればよい。

　顧客内シェアについても、購買シェア、ロイヤルティ、取引実績を用いたが、ほかにも関係の良好性、自社資源の適合性なども顧客と自社の距離を表す要素として使える。

　また、過去数年間にわたってアプローチしている場合は、売り手企業としての自社のアプローチによって、買い手企業がどのように変化してきたのか、自社の打ち手に対してどのようなリスポンスがあったのかなどを情報としてインプットしておきたい。こうしたダイナミックな情報が静的なデータよりも役に立つことが少なくない。

　購買ポテンシャルや顧客内シェアに対して特定の要素が強く影響しているということであるならば、各要素を単純に合計した数値で購買ポテンシャルや顧客内シェアを判断するのではなく、重要度を5段階で表して、ウエイトを掛けて総合点を算出する。

　最後に買い手企業としてリストアップされた企業全部の総合点を偏差値などで標準化し、x軸、y軸の上にプロットして4象限の顧客ポートフォリオとしてまとめる。それぞれの象限における営業戦略は以下のとおりである。

　第一象限：購買ポテンシャルは高いが、競合の売り手企業が強い顧客（重
　　　　　　要顧客）
　第二象限：購買のポテンシャルは高く、自社に対するロイヤルティも高い
　　　　　　顧客（最重要顧客）

図表7-5　顧客評価表（例）

	顧客の購買ポテンシャル						自社の顧客内購買シェア						
重要度 （5：きわめて重要～1：まったく重要でない）	売上高成長率 （5：20%以上～1：-5%以下）		営業利益率 （5：20%以上～1：-5%以下）		設備投資額 （5：年間＊億円～1：年間＊億円）		合計	顧客内購買シェア （5：50%以上～1：0%）		ロイヤルティ （5：次も絶対購入する～1：次は絶対購入しない）		取引実績 （5：年間＊億円～1：年間＊億円）		合計
	2		5		5			2		5		3		
A社	4	8	5	25	3	15	48	4	8	5	25	4	12	45
B社	2	4	3	15	2	10	29	2	4	2	10	1	3	17
C社	3	6	4	20	5	25	51	2	4	2	10	2	6	20
～														
O社	1	2	2	10	2	10	22	2	4	3	15	2	6	25

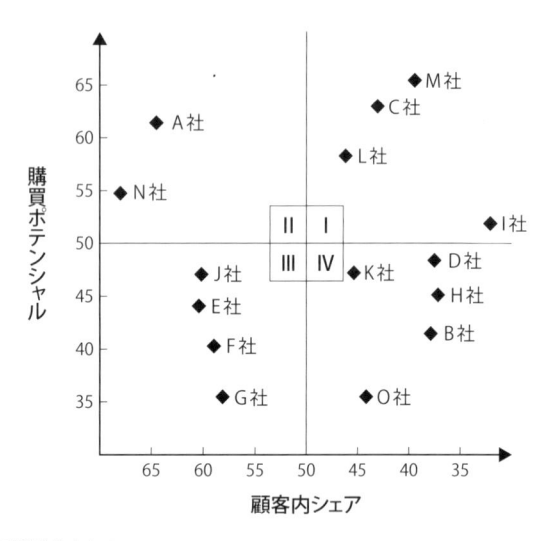

　第三象限：購買ポテンシャルは低いが、ロイヤルティは高く実績のある顧
　　　　　　客（重要顧客）
　第四象限：購買ポテンシャルは低く、取引実績もなく購買の見込みが少な
　　　　　　い顧客（対象外顧客）

◉── CLV（顧客生涯価値）とRFM（直近購入日、頻度、金額）

　次に、顧客ターゲティングに関して、最近関心を集めている概念を2つ紹
介する。一つ目が、売り手企業にとっての買い手企業の価値を意味するCLV
（customer life time value）である。CLVとは、顧客生涯価値と訳されるが、
買い手企業が、将来にわたって売り手企業に対してもたらしてくれる価値で
ある。
　一般的には、①顧客ごとの利幅、②顧客維持率（維持期間）、③顧客獲得・
維持に必要なコストの3つから構成される概念である。数式で表現すると以

下のようになる。

$$CLV = m \times L - AC$$

m：マージン（粗利）、L：ロイヤルティ、AC：顧客獲得・維持コスト

　まず、mについてであるが、顧客から得られる利益であり、B2B市場では、顧客ごとの主要購入製品を基に、ある程度見当をつけることができる。顧客別の粗利（マージン率）を用いて考えてみよう。

　例えば、デルに買収されたEMC[15] の場合、ハードウェアの粗利が20％であるのに対して、サービスの場合は、30％、ソフトウェアの場合は85％と報告されている。顧客が購入する製品が、主としてハードウェアなのか、サービスなのか、ソフトウェアなのかで顧客別のマージンが大きく異なってくる。

　次にLであるが、これはロイヤルティを意味する。ロイヤルティをチェックする方法としては、一般的には、顧客に対して営業が実施するヒアリング調査か、または、営業サポート部門によるアンケート調査などが考えられる。具体的には、次の1から5までの尺度でロイヤルティを推測することができる。

　　5：次回も絶対に取引する
　　4：次回もおそらく取引する
　　3：どちらともいえない
　　2：次回はおそらく取引しない
　　1：次回は絶対に取引しない

　最後に、ACである。これはaccount costである。顧客を獲得・維持する

15）米Dell Technologies（旧Dell）は2016年9月に総額670億ドルで米EMCを買収した。これにより、EMCはDell EMCとなり、VMwareなどとともにDell Technologies傘下の独立子会社になる。Dell Technologiesは、PC、サーバー、ストレージ、仮想化、クラウド、セキュリティと、幅広いICT領域を網羅することになる。総従業員数は14万人、180カ国でサービスを提供する。

ためのコストである。顧客の関与レベルが高く、知識レベルがそれほど高くない場合は、売り手企業に対してテクニカル・サポートをはじめとしていろいろなサポートを求める可能性が高い。こういう顧客をケアするためのコストは高めになる。

mもLも高くなければ、トータルとしてはあまり良い顧客とは言えないが、その場合でも仮に、代理店やデジタル・チャネルを活用することで、ACを低く抑えることができるのであればビジネスとしては成り立つかもしれない。

CLVの構成要素を分解するとマージンとロイヤルティと顧客獲得・維持コストの3つである。CLVを高くするためには、高マージン、高ロイヤルティ、低顧客獲得・維持コストの組み合わせが必要である。

高マージンが確保されているということは、提供物が顧客にフィットしているということである。高いロイヤルティが形成されているということは、他の売り手からのアプローチには、積極的には応じないという心理的な絆の強さを表している。顧客コストが低いということは、売り手企業と買い手企業のアクセスの容易さを表している。

CLVには、ロイヤルティも含まれており、売り手の買い手との関係の強さを表すx軸の要素に近いと考えられる。

顧客ターゲティングの際に、もう一つ検討される要素がある。RFMである。Recency（直近いつ）、Frequency（頻度）、Monetary（購入金額）の3つの要素で買い手企業を評価するものである。背景にあるロジックは以下のようなものである。

> Rが高い顧客ほど将来の収益に貢献する可能性が高い
> Rが低ければFやMが高くても他社に奪われ離反している可能性が高い
> Rが同じならFが高いほど優良顧客になっている
> Rが同じならFやMが高いほど購買力がある顧客である
> RやFが高くてもMが少ない顧客は購買力が低い

RFMすべてが低い顧客は顧客としては考えない

　RFMの概念も、買い手の売り手との関係の強さを表しており、CLVと同様x軸の要素に近いと考えられる。

◉──営業資源配分の４つの象限

　営業戦略の一つのテーマが選択である。すでに優先的にアプローチすべき買い手企業を選択するために、購買ポテンシャルと顧客内シェアの２軸で評価する仕組みを検討した。

　戦略のもう一つのテーマが集中である。集中とは一般的には経営資源の配分であり、営業に関していうと営業パーソンの人数や時間を、買い手企業にどのように配分するかということである。

　購買ポテンシャルの高い低いと顧客内シェアの高い低いに応じて、営業資源配分を以下のように整理した（図表7-7）。考え方はPPM[16]と同じである。

　第一象限は、購買ポテンシャルが高いものの、自社の顧客内シェアが低い、いわゆる問題児（？）顧客である。魅力的な買い手企業ではあるものの、競合他社がすでにかなり入り込んでいる顧客である。営業資源を高いレベルで投下して、左上の第二象限の花形顧客にしていく。もしその可能性がないのであれば、投資は控える。選択的な集中投資が第一象限の基本的な営業投資方針である。

　第二象限は顧客の購買ポテンシャルが高く、顧客内シェアも高い花形顧客（☆）である。投資を継続しながら、成長を志向することが望まれる。買い手企業からも信頼されており、コミットメントも形成されていると考えられる。買い手企業と売り手企業間の関係は良好で、企業としても成長しているよう

16）y軸（市場の魅力度が高いか低いか：市場の成長率やプロダクト・ライフ・サイクルの位置付けなどで判断される）とx軸（自社の優位性が高いか低いか：相対的シェアや資源適合度などで判断される）から構成されるマトリックスの4象限ごとに投資の基本方向を整理したもの。第一象限：問題児（高成長・低シェア）は選択的集中投資、第二象限：花形（高成長・高シェア）は、継続投資、第三象限：金の成る木（低成長・高シェア）は、刈り取り、第四象限：負け犬（低成長、低シェア）は撤退。

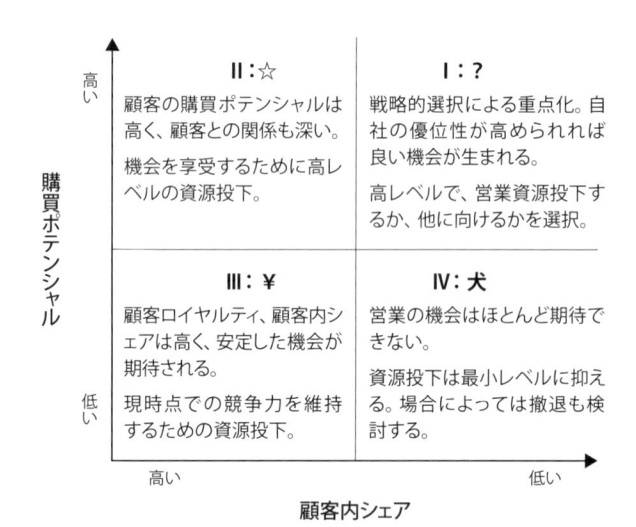

な顧客である。いろいろなテーマで引き合いや相談を受けることが期待される。今後予期される営業機会を享受するために営業担当の数と質を十分確保しておく。研修や営業資源を投下する。

　第三象限の買い手企業は、顧客ロイヤルティ、顧客内シェアは高く、安定した機会が期待される、いわゆる金の成る木（￥）顧客である。購買ポテンシャルはそれほど高くはなく、成熟した市場顧客である。過剰の営業投資は控えて、現時点での競争力を維持するための資源投下にとどめておくことがポイントであろう。

　最後の第四象限は、成長があまり見込めず、自社の顧客内シェアも低い買い手企業から構成されている。PPMでは負け犬と呼ばれる領域である。買い手企業からの新たな引き合いは期待が薄く、革新的なプロジェクトが出てくる可能性も低い。営業資源の投資は、極力控え、場合によっては、このような顧客からは撤退も視野に入れて検討する。

3 | 営業形態——デジタル、外勤、パートナーなど

　営業の戦略としてターゲットとすべき買い手企業にあたりをつけ、資源配分も大枠を定めた。こうした作業と同時並行で検討しなければならないことが、もう一つある。それが営業の形態の選択である。営業形態は大きく分けるとデジタル、内勤営業、パートナー営業、外勤営業、キー・アカウント・チーム営業などになる（図表7-8）。

　デジタル営業とは、検索エンジンやフォーラム、ブログなどのソーシャル・メディアを通した新たなコミュニケーションによる動機付けをする活動である。販路や販促との明確な分離が難しいが、一応ここでは営業の一つとして含めておく。

　外勤営業とは、比較的規模の大きい買い手企業へ直接出向いて対面で活動することを主としているのに対して、内勤営業は規模の小さい買い手企業やアクセスしにくい顧客市場向けに、電話やメールを中心に対応して、販売につなげる形態である。

　パートナー営業とは、代理店や販売店を通した営業である。キー・アカウントとは、取引金額の多い顧客であり、製品に限らずサービスも含めて高度に専門化され適応化された問題解決を求める傾向が強い顧客であり、そのような顧客向けにチームで対応する営業がキー・アカウント・チーム営業である。

　こうした営業形態を、きめ細かい対応力（リッチネス）と維持・管理費用（コスト）という二軸で整理した。維持・管理コストとはカバー率（リーチ）を上げるために必要なコストと言い換えることもできる。

　従来は、主要ターゲット・セグメントに対して特定の営業形態を採用し、その後は、営業現場でコンフリクト等が生じた場合は、本部で調整・解決するというような運営方法が多かった。例えば大手大口は直販営業、中小小口はパートナー営業でというような具合である。

　しかし、昨今顧客のニーズが多様化しているのと同時に、コミュニケー

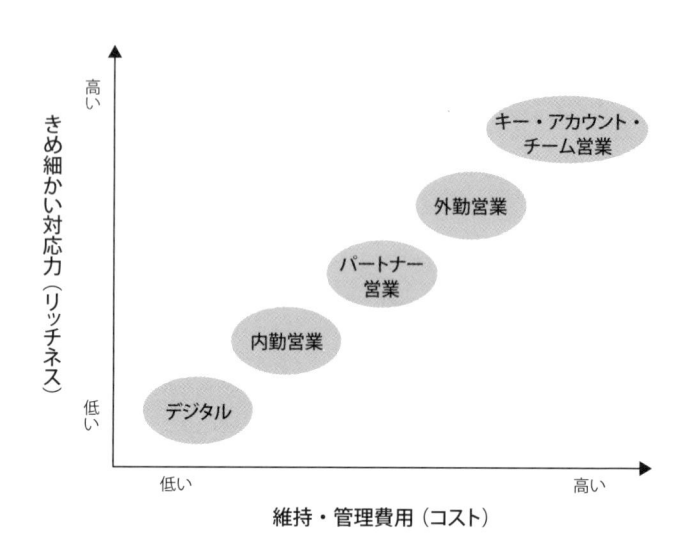

ション・テクノロジーも急速に進化している。また、販売促進のところでも言及したが、買い手企業の情報処理プロセスも従来のスタイルから変化している。

　B2B企業の購買担当は、まず、検索エンジンで独自の調査を行い、ソーシャル・メディアを通じて同業者や第三者から情報を得ることに、より多くの時間を割くようになっているというのはその一例である。

　以上のような実態から考えると、営業形態に関しては、きめ細かい対応力（リッチネス）とカバー範囲（リーチ）を基に、進捗状況に応じて適切な営業形態を選択し、組み合わせを変えていくという発想が必要になっていることに気付く。

　例えば営業の初期段階で、一般的な提案を広い範囲でアピールすることが求められるときは、デジタルや内勤営業をメインに活用し、営業活動を進める。具体的な競争力のある提案をする段階では、顧客の経営戦略を踏まえた

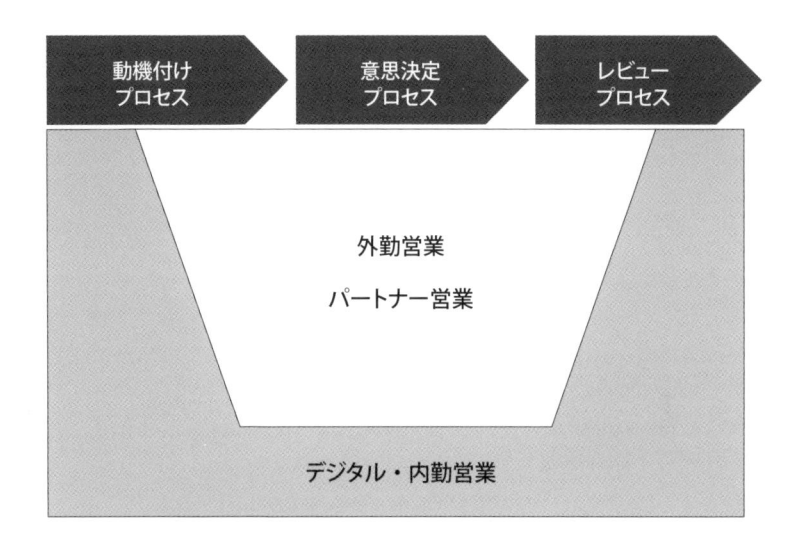

提案が必要不可欠になるため、外勤営業が主として営業活動を担当する。そして最後の顧客フォローでは、維持・管理コストの安いデジタルがメインに対応するというような仕組みである（図表7-9）。

4 営業プロセス——3つのプロセスと8つのステップ

　営業プロセスを検討するにあたり、B2Bマーケティングで従来から用いられてきた購買意思決定のモデルを今一度思い返してほしい。

　石井淳蔵はその著書[17]で「営業プロセス・マネジメントの核心は、営業マンを管理するわけでも、お客さんを管理するわけでもないということです。お客さんと会社との関係を管理する、具体的には案件（プロジェクト）の進

---

17) 石井淳蔵（2012）『営業をマネジメントする』岩波書店。

1. 問題の認識（needs）：エンジニアリング企業の当該プロジェクト・リーダーが新プロジェクトの開始を控えて、検査レベルを上げることと検査可能な条件を緩和させる必要性を感じる。参考になりそうな事例などの情報探索を開始する。

2. 必要財の把握（wants）：同リーダーが、新しい性能のよい検査装置の購入を決める。

3. 必要財の記述（specification）：必要とする検査装置の仕様（要求事項）を詳細、かつ正確に記述する。

　　　　　　　　　　　　　　　　　　　　　　　　　　　　　　動機付け
　　　　　　　　　　　　　　　　　　　　　　　　　　　　　　プロセス

4. 売り手企業探索（suppliers）：RFP（request for proposal）を作成し、業界の中で認知度が高く、実績もある企業の中から、考慮する価値がある売り手企業を複数選択する。

5. 提案書の取得と分析（proposals）：購買マネージャー技術部門のスタッフ数名で、売り手企業から提出された提案書を検討する。

6. 提案書の評価（evaluation）と売り手企業の選択（selection）：提案書を評価し、それに基づき特定の売り手企業を選択する。

　　　　　　　　　　　　　　　　　　　　　　　　　　　　　　意思決定
　　　　　　　　　　　　　　　　　　　　　　　　　　　　　　プロセス

7. 注文内容の決定（procedure）：検査装置とその関連機材、および付帯サービスの納品期日を決定する。

8. パフォーマンス評価（feedback）：検査装置の納品後、購買マネージャーと技術マネージャーが、提供された装置および付帯サービスについて評価する。

　　　　　　　　　　　　　　　　　　　　　　　　　　　　　　レビュー・
　　　　　　　　　　　　　　　　　　　　　　　　　　　　　　プロセス

み具合を管理することです」と述べている。まさに営業のポイントはプロセスをしっかり管理することにあるといえる。

　B2B市場を構成する買い手企業の購買行動は、業務の実態から判断して、一つの独立した決定というよりも、複数の意思決定から成り立つ一連のプロセスとしてとらえなければならない。組織購買には、いくつかのポイントがあり、ポイントごとに意思決定が行われる。

　図表7-10の1から8までのステップは、組織購買行動論のフレームワークに基づき組織の購買プロセスにおける主要な活動を列挙したものである。エンジニアリング会社の検査装置を想定して記述した。

◉——動機付けプロセス

　購買プロセスのスタート時点はいつであろうか。単純に考えると、特定の

製品やサービスを入手することで解決される問題が企業内の誰かによって認識された時から購買プロセスが始まると考えられる。

問題が認識された時点では、まだ、問題解決に向けた具体的な手段が明確になっているわけではない。充足感がなく、解決手段が明確になっていない状態がニーズ（欲求）である。この状態を認識するきっかけとしては、内部および外部の要因が考えられる。

内部要因の例としては、エンジニアリング会社が海外の新規のパイプライン建設およびメンテナンスプロジェクトを遂行するうえで、新しい検査の方法が必要になるというような場合である。現在の検査装置の修理費用に保守マネージャーが不満を感じて、新たな機種の採用に踏み切るということもあるかもしれない。

外部要因としては、当該プロジェクトの海外顧客から、現地の検査会社を紹介されて、特定の業務に関するアウトソーシング・ニーズが生まれることも考えられる。また、問題点を意識させて、そのソリューションを提供することを訴えかけるソーシャル・サイトがきっかけになることもあろう。

ニーズ（欲求）が意識されると、次は、どのような製品やサービスによってそのニーズが充足されるのかということが検討テーマになる。ニーズを満たすことのできる提供物（製品やサービス）がニーズと結びついた状態が、いわゆるウォンツである。

ウォンツとは、ニーズを充足する特定の手段（必要財）が明らかになった状態と考えられる。さらに必要財に関する仕様が記述される。1、2、3のステップをここでは「動機付けプロセス」[18]と呼ぶ。

販売促進のところで述べたが、産業財の買い手企業の多くが、動機付けプロセスの段階で、オンライン・チャネルに問い合わせ、アイデアを探し、生み出し、比較する等の情報活動を本格的に開始する。

---

18) 満たされない状態（ニーズ）が発生すると、そこに緊張状態が生まれる。欲求の対象＝誘因（incentive）が示されると、それに対して行動を促す内的刺激＝動因（drive）が発生する。動機付け（motivation）とは、人々が誘因に向けて行動を引き起こすプロセスである。

◉——意思決定プロセス

必要とする製品やサービスが明確になったら、次は、多くの業者の中から特定の候補を絞る作業になる。提案された製品の採用が自社のパフォーマンスに大きく影響するというような場合は、より多くの時間と労力が売り手企業の探索に費やされることになる。いわゆる拡大的問題解決（extensive problem solving）[19] である。

買い手企業があまり情報を必要とせず、特に購買品が標準品であるようなときは、購買プロセスのいくつかの段階が省略されることも、また、同時並行的に行われることも多い。反復的問題解決（routinized problem solving）である。

この中間が、限定的問題解決（limited problem solving）である。売り手企業の提供物を評価するための簡素化されている規則のことを消費者行動論ではヒューリスティックスと呼ぶ。購買状況に応じて、ヒューリスティックスが異なったものになる。4から6までのステップが「意思決定プロセス」である。

◉——レビュー・プロセス

売り手企業が選択され、必要量や納品時期などの契約内容が決定されると、購買プロセスの最終段階として、パフォーマンス評価が行われる。評価の結果を基に、買い手側は、契約の継続、変更または破棄という選択をすることになる。

選定業者のパフォーマンスが思わしくない場合は、購買センターは自分たちの評価基準を再検討すると同時に、購買プロセスの最初でふるい落とした売り手企業を再度検討し直すこともある。本プログラムでは7と8のステップを「レビュー・プロセス」と呼ぶ。

---

19) Harward, J. A. によると購買意思決定は、購買者が投入する心理的な努力の大きさ（例えば、購買対象物のコスト、購買頻度、関与レベル、知識、プロセスの複雑性など）によって大きく3タイプに分けられる。拡大的問題解決、限定的問題解決、反復的問題解決である。これら3つの意思決定のタイプはまったく異なっているわけではなく、連続体のなかに位置付けられる。

◉──購買プロセスと営業プロセスの対応

　購買プロセスを基に営業のプロセスに対応させたのが図表7-11である。これは一例であるが、認知形成・引き合いの創出、引き合いの審査、企画・提案・見積、交渉および契約締結、履行・納品・入金、顧客ケアとサポートのステップである。

　特に認知形成・引き合い創出のステップでは、業界紙広告、ダイレクトメール、学会発表、オンライン、展示会、地域別イベント、シンポジウム、最新事例紹介などの販促活動が実施されているはずである。そこから創出された引き合いを審査して、可能性の高いものであれば外勤営業に引き継ぎ、本格的に企画提案をしていくことになる。アクセス性や顧客規模によっては、販売店や代理店が引き継ぐこともある。

　営業力を強化するという観点から、営業担当一人ひとりが営業のプロセスを顧客関係の管理の視点でチャート化することをお勧めしたい。そのうえで、チームで営業のプロセス全体を検討すべきである。成果を上げている上位層のチームがやっていることにはヒントがたくさん詰まっているので、作業を通していろいろなことを学べるはずである。

　営業プロセス設計に関してのポイントは、顧客セグメントと営業段階の2つの軸で、営業主体を変えていくということである。

　従来は、上記のプロセスに必要な作業、例えば、顧客リストのデータ・ベース化、顧客のターゲティング、訪問アポ取り、顧客訪問、インタビュー調査、ニーズの明確化、企画提案、プレゼンテーション、クロージング、フォローアップなどを、はじめから終わりまで全部、営業担当が基本的には一人で実施するケースが多かった。しかし、このシステムは実はあまり効率性が高くないのである。

◉──「データ・ベース構築」と「課題・ニーズ探索」のチーム分け

　かなり昔になるが、建材商社の中で突出して高いパフォーマンスを上げている部門のプロジェクトを担当したことがあった。その部門では、他の部門

図表7-11 顧客関係の管理プロセス（例）

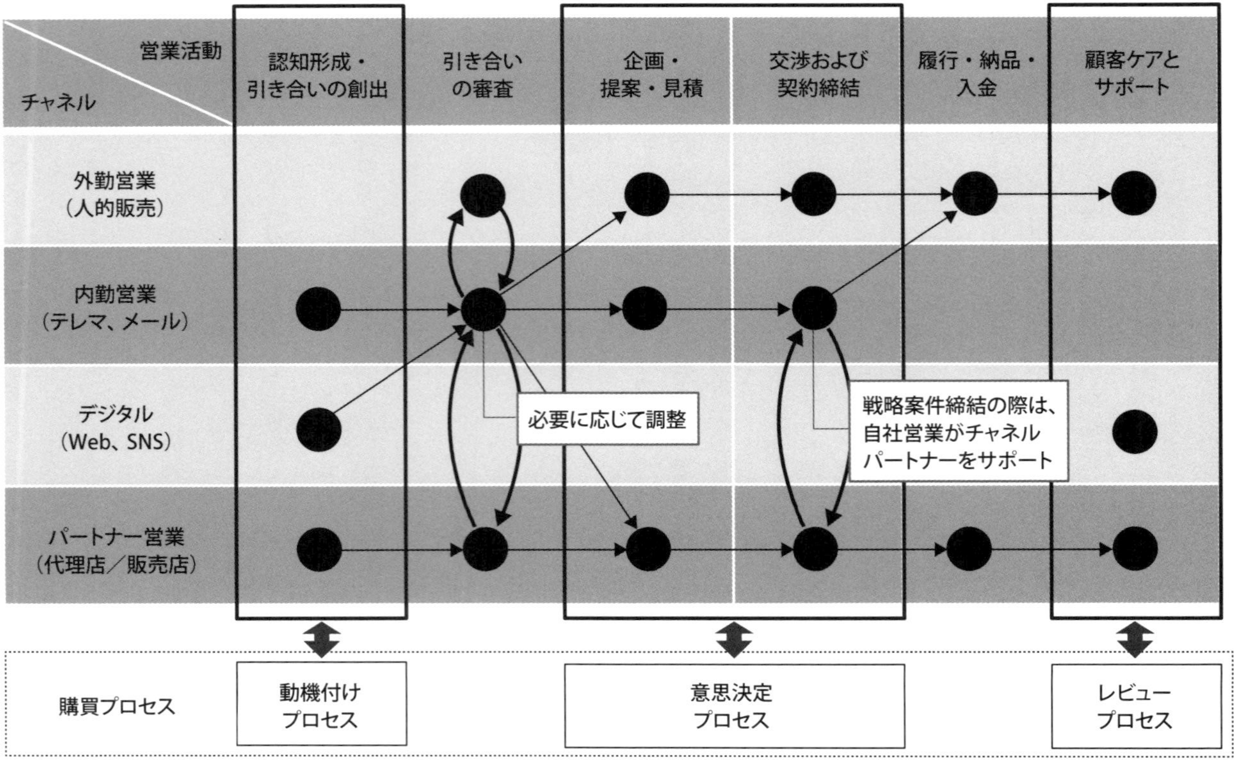

チャネル ＼ 営業活動	認知形成・引き合いの創出	引き合いの審査	企画・提案・見積	交渉および契約締結	履行・納品・入金	顧客ケアとサポート
外勤営業（人的販売）		●	●	●	●	●
内勤営業（テレマ、メール）	●	●	●	●		
デジタル（Web、SNS）	●					●
パートナー営業（代理店／販売店）	●	●	●	●	●	●

必要に応じて調整

戦略案件締結の際は、自社営業がチャネルパートナーをサポート

購買プロセス	動機付けプロセス	意思決定プロセス	レビュープロセス

とはかなり異なるアプローチを採用していた。

一言でいうと、チーム制である。テレフォン・マーケティングの組織をデータ・ベース構築チームと課題・ニーズ探索チームに分けて運営していた。チームごとに独自の使命を持たせて、専門性を磨きやすくしていたのである。

データ・ベース構築チームの使命は、シンプルにデータ・ベースの構築である。具体的には企業ごとに、業種、規模、成長性、従業員数等の企業属性データと、企業戦略の方向性、ICTに関する知識レベル、関与レベル、当該ソリューションに関する態度などが含まれるリストができれば十分である。

そのリストから、例えば、

"ICTをベースに差別化を図ることを戦略の最重要課題にしているような企業は、関与レベルが高く、専門家をたくさん有している企業が多い。具体的には、A社、B社、F社の3社。知識レベルも関与レベルも低い企業はC社、D社、E社、G社、H社、I社で、現在企画しているソリューションに関して、理解度も低く、全般的に評価もばらばらである"

ということが読み取れるはずである。

たとえテレアポ担当者が、その電話を受けた潜在顧客企業の担当者から冷淡な対応をされても、売上の可能性がなくなったということで落ち込むこともない。

買い手企業の当該事業に関する客観的な事実、この場合は、"X社はまったく関心なし"という事実をレポートにすればよいだけである。特定の企業には、当該製品に関するニーズや関心がないということは、それはそれで、貴重な発見であり意味がある。たとえ受注の可能性がない顧客が大半であっても、メンタル面で負荷を負うことは一切ないということから考えても合理的な仕組みと考えられる。

課題やニーズ探索のチームの場合は、企業としての戦略方向や当該ソリューションの担当部門、さらにはその主な課題などを明らかにすることが使命である。こうした項目に関してヒアリングができれば十分であり、受注

までの責任は負わない。いずれの場合も、淡々とテーマに関して電話取材を行えばよいので、取材を受ける側も、売り込まれるプレッシャーやリスクを気にせずに客観的に話ができる。

すべてのプロセスを一人の営業が担当するとなると、中期的な営業活動の基盤となるようなデータ・ベース作成などそっちのけで、短期的に特需のある売り込み先の探索に突っ走ってしまうことにもなりかねない。次にステップごとにポイントを述べる。

●──動機付けプロセスでは購買スタイルを考慮する

動機付けプロセスに関しては、まず、買い手企業の購買スタイルを考慮しておきたい。Anderson and Katz (1998)[20] によると、購買には発展段階がある。低い段階から並べると、次の4つの段階である。

1. より安く買う
2. より上手に買う
3. より価値のあるものを買う
4. より上手に販売する

レベル1の"より安く買う"は、例えば調達源を一元化して購買量を増やし、ボリューム・ディスカウントなどの有利な条件を売り手企業から引き出してコスト削減を図ることを志向する購買である。

レベル2の"より上手に買う"は、サプライ・チェーン全体での効率化を試みるような購買である。物流と商流の最適化の視点からコスト削減を意識する場合も含まれる。

レベル3の"より価値のあるものを買う"は、製品の設計の初期段階から売り手企業に入ってもらい、売り手企業の関与を通して、より付加価値のある

---

20) Matthew G. Anderson and Paul B. Katz (1998) "Strategic Sourcing," *The International Journal of Logistics Management* 9. No.1.

製品開発ができるようにする購買のスタイルである。

　レベル4の"より上手に販売する"は、売り手企業の製品やソリューションを自社のブランディングや競争戦略に直結させるような購買である。例えばインテル・インサイドのようにインテルのCPUによって自社のPCのブランド価値を上げて競争力を高めるような購買である。

　動機付けプロセスの段階では、買ってくれる可能性の高い顧客企業を抽出することがポイントであることは間違いないが、その中でもできるだけレベル1の顧客ではなく、レベル2、3、4の顧客からのアクセスが増えるよう販売促進戦略を考えておきたい。

　展示会、広告、SNSなどの販促を通して買い手企業は、すでに何らかの刺激を受けており、自社の現状と理想像の間に一種のギャップを感じているという状態になっていることが望ましい。ギャップを感じているという状態がニーズである。ニーズを認識し、ニーズを充足させる可能性を求めて、売り手企業にアプローチをしてくる。これがいわゆる引き合いである。

　仮に、販促で十分潜在顧客をカバーできておらず、したがってニーズがあまり顕在化していない場合は、顧客の掘り起こしを営業活動の初期段階で行っておきたい。

　まずは、顧客データの整備である。顧客データ・ベース作りに役立つのが、帝国データバンク、東京商工リサーチ、会社四季報、外資系総覧、日経テレコン、ダイヤモンド人事異動情報、SPEEDA(スピーダ)などの企業リストである。

　海外であれば、D & B Hoovers(ダンアンドブラッドストリート・フーバーズ)、Bureau van Dijk(ビューローヴァンダイク)などが代表的である。こうしたリストから、業種、企業規模、従業員数、利益率、成長性、拠点、評点等の情報を入手する。

　データ探索を行う際は、国立国会図書館を活用することをお勧めしたい。サーチ・エンジンでは、実際のPDFが付いていないことが多く、現物にあたる必要がある。そうかといって、全部のデータを購入するとなるとコスト的

| ターゲット企業に関する事業機会、ニーズ探索 | ニーズ優先順位と問題解決方向性の確認 | 問題解決の詳細に関して顧客と合意形成 | 合意された問題解決を内容に企画・提案 |

にもかなりの額になってしまうからである。

　動機付け段階での主要な営業活動は以下のとおりである。
　　・企業データの探索
　　・データ・ベース作成
　　・標的企業の抽出
　　・電話取材のアポ取り
　　・電話取材スクリプト（対応手順書）作成
　　・インタビュー・シート作成
　　・セミナー、展示会、技術資料等の送付
　　・資料送付後のフォローなど

◉──意思決定プロセスにおける4C分析

　次の意思決定プロセスでは、まず、ターゲット企業に関する事業機会やニーズの探索から入り、ニーズの優先順位付けを行ったうえで、問題解決の方向性を示して、詳細な企画・提案を行う（図表7-12）。最終的には交渉を経て契約締結まで進める。

　このプロセスで改めて認識しておきたいポイントが、組織の購買行動に影響を与える要因である。

　　組織の購買行動＝f（環境要因、組織要因、集団要因、個人要因）

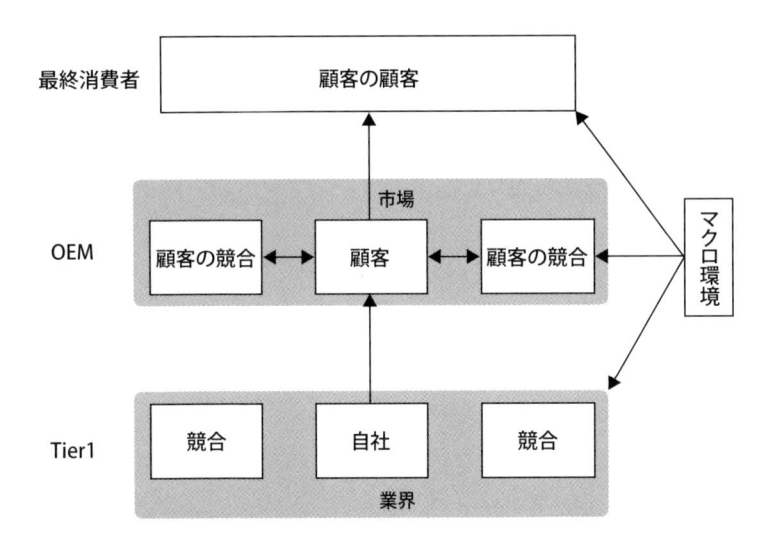

　ターゲット企業に関する事業機会やニーズ探索を行う際は、上記の式の最初の要因である環境要因を押さえておくことが大事である。環境要因の視点は、一般的には、マクロ環境、顧客、競合、自社の4つであるが、ここでのポイントは、自社ではなく、あくまでも買い手企業を基軸に据えるということである。視点移動がキーワードである。

　4C分析は、売り手企業を軸としたものではなく、顧客の顧客、顧客の競合、顧客の資源、顧客のマクロ環境をベースにしたものでなければ意味がない。顧客の視点での分析を基に仮説を設定して、購買センターのキーパーソンとの商談に臨みたい。仮に自社がTier1の位置付けとすると、OEMの立場で、4C分析をすることになる。

　繰り返しになるがここでの4Cとは、Customer's Customers（顧客の顧客）、Customer's Competitors（顧客の競合）、Customer's Company（顧客の資源）、Customer's Context（顧客のマクロ環境）である（図表7-13）。

　ニーズの優先順位と問題解決の方向性の確認に際しては、組織要因をしっ

かり把握しておきたい。組織要因とは、前述の式の2番目の要因であるが、企業の基本戦略のことであり、事業領域、目標や競争戦略などが含まれる。

　この段階では、実際に買い手企業に数回訪問して、購買センターを構成する主要メンバーに対してインタビューを実施することになる。4C分析とこうしたインタビューを通して、基本戦略を理解したうえで、ニーズの優先順位と問題解決の方向性を確認しておく。

　買い手企業の当該事業部が注力しようとしている市場とその市場に対するソリューション、および競争戦略などが明確になれば、それをサポートするための提供物の大枠が見えてくるはずである。

●──意思決定プロセスにおける合意形成

　次のステップが、問題解決の詳細に関しての顧客との合意形成である。顧客価値を具現化する製品やサービスに関する要素、価値表示としての価格に関する要素、価値を配達する販路に関する要素の優先順位や重要度をしっかり認識しておく必要がある。

　サービスに関しても、カスタマイゼーション、製品品質保証、ファイナンス、エンジニアリング、品揃え、トレーニング、追加オプションなどさまざまである。戦略的に重要性の高い提供物であればあるほど、提供物を構成する各要素のパフォーマンスと重要度を押さえたメリハリのある提案をしていかなくてはならない。

　例えば、提供物を構成する属性について、属性を持っていることを認識できるかどうかということの評価と、各属性を有していることの意義、つまり各要素の購買決定における重要度の両面から、当該提供物を評価する考え方がある。

　多属性態度理論[21]と呼ばれるが、このようなフレームワークを用いて自社の提供物の輪郭を簡単に整理しておくことで、買い手企業による理解を深めることができる。

ある企業が、自社製品に関するパンフレットの作成を印刷会社に相談するというシンプルなケースで説明する。

　印刷サービスを購入するというややありきたりのテーマではあるが、事前の調査で、買い手企業を取り巻く環境分析を行い、コスト競争で攻勢をかけている競合他社に当該企業がシェアを奪われているという事実が明らかになった。

　また、買い手企業が印刷企業の選択にそれなりのエネルギーと時間をかけているという購買行動の背景には、最近急成長している他社との差別化のために、顧客の自社製品に関する理解度を深め、肯定的な態度を形成することを目的とするブランディングを強化するという基本戦略があることもわかってきた。

　こうした経営環境や方向性を基に、印刷会社が提供すべき問題解決の内容を決めて、企画・提案をしていくことになる（図表7-14）。

　買い手企業に提案すべき内容は、印刷の品質だろうか？　印刷の質そのものよりも、買い手企業の製品やサービスが他社と比較して遜色がないどころか、重要度の高い購買決定要因のいくつかの点で、他社を凌駕するようなきわめて画期的な製品であるということをアピールするためのコンテンツそのものである点については合意をいただけると思う。

　当該製品に関する理解度をアップし、肯定的な態度形成を促進するためのソリューションを提供物として企画するという問題解決の詳細について、買い手企業の購買センターのメンバーと合意形成しておく。そのためには購買センターを構成する主要メンバーの問題意識をインタビュー調査で把握しておきたい。

21）Fishbein（フィッシュバイン）によって提唱された理論。b：belief（顕出属性を持っていることに関する信念の強さ、持っている＋、持っていない−）、e：evaluation（各属性に対する評価/重要度、評価する＋、評価しない−）、A：attitude（対象に対する一貫した反応傾向、好意あるいは非好意）。

$$態度（Attitude）＝\sum_{i=1}^{n} b_i e_i$$

各属性の具備レベル（信念）とその評価（重要度）

属性	属性評価 e 評価する+3 評価しない-3	製品の属性に関する信念　b 持っていそう+3、持っていなさそう-3					
		サプライヤー A （納期が早い）		サプライヤー B （コストが安い）		サプライヤー C （品質がよい）	
		b_i	b_ie_i	b_i	b_ie_i	b_i	b_ie_i
Q（高品質）	+3	+1	+3	-1	-3	+3	+9
C（高価格）	-1	+1	-1	-3	+3	+3	-3
D（短納期）	+1	+3	+3	+1	+1	+1	+1
総合		+5		+1		+7	

（注）b：belief（顕出属性を持っていることに関する信念の強さ、持っている＋、持っていないー）
　　　e：evaluation（各属性に対する評価/重要度、評価する＋、評価しないー）
　　　A：attitude（対象に対する一貫した反応傾向、好意あるいは非好意）
（出所）笠原（2015）立教大学ビジネスデザインレクチャーノート。

　できれば、キーパーソンに企画のたたき台を提出して、一緒にたたきながらバージョン・アップさせていくようなアプローチをとりたい。ここでのポイントは前述の式の3番目の要素である集団要因である。

　具体的には購買センターのメンバー間の相互作用を促して、本当に買い手企業が実行しなければならない打ち手を認識させて、そのための提供物を評価する基準をコンセンサスとして形成しておくことがポイントである。

　購買センターの内部で購買のガイドラインとして購買決定基準を決めるよう働きかけることである。これが問題解決の詳細に関しての顧客との合意形成の意味するところである。

●──意思決定プロセスにおける企画・提案

　最後に、合意された問題解決を盛り込んだ企画・提案を行う。企画・提案の鉄則は、簡潔に、論理的に、情熱をこめてということである。簡潔かつ論理的にという点では、Why（なぜ、新しいソリューションが必要な状況なの

か）、What（どのようなソリューションが必要なのか）、How（どのようにソリューションを展開したらよいのか）というような3つの大きな構成で企画書を構成することをお勧めしたい。

　また、買い手企業は大きくなればなるほど、購買センターが複雑になるため、商談やプレゼンの段階や対象者ごとに企画・提案内容を微調整することも考える。購買センターを改めて定義すると、「購買決定に関与し、購買の意図やその決定に起因するリスクを共有する人々の集団」（Hutt and Speh 2004）である。

　購買センターを構成するメンバーには、以下が挙げられる。

　ユーザー（組織内で実際に提供物を使って価値を享受する人々で、仕様を決めるうえで重要な役割を果たす場合が多い）、購買者（売り手企業の選択および取引条件に関して正式な権限を持つメンバー。しかし実際にはより強いメンバーによって権限が侵食される場合もある）、決定者（組織内にあって正式な権限の有無にかかわらず、売り手企業の選択と承認に強い影響を持つメンバー）、影響者（直接、間接に購買決定に影響を与えるメンバー。提供物の仕様の決定に関してサポーターとして情報やアドバイスを提供する）、ゲートキーパー（購買センターのメンバー間の情報の流れをコントロールし、商談のステップを仕切る場合も少なくない。ユーザーや上層部への取次なども行う）などである。

　ダス・ナラヤンダス[22]は以下のように指摘している。

　購買センターの各メンバーは、一つか、多くても三種類の優位性にしか興味がないことが多いという。例えば、工作機械の新規購買の際の工場長の関心は、機械の設置とそのためのトレーニングに要する時間に興味があり、メンテナンス・マネジャーは、サービス契約に着目する。また購買マネジャー

---

22) Das Narayandas (September, 2005) "Building Loyalty in Business Markets," *Harvard Business Review.*

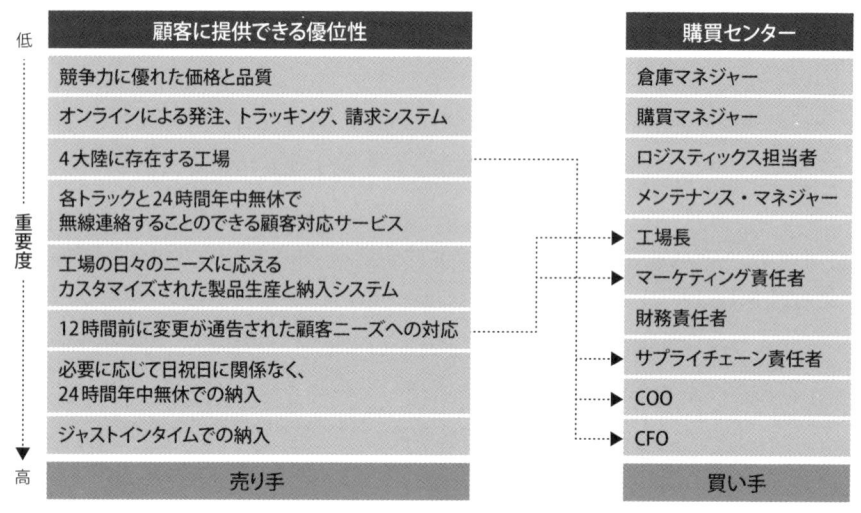

（出所）HBSレクチャーノートを基に加筆・修正。

の関心テーマは、価格である。経営陣は、その機械購入によって業績がどのくらい改善されるか、COOは新しい製造工程に切り替えることによるトラブル、CFOは取引額や費用対効果にこだわる。

　経営トップに向けた最終プレゼンに行くまでに、打ち合わせと称していくつかの簡易プレゼンが組み込まれる場合も少なくない。商談に用いられる説明資料の内容に関しては、参加メンバーに応じてアピールするポイントを変えていくことも時として必要になる。購買センターの個々のメンバーが認識しているKBFs（購買決定要因）を押さえた提案書の作成が求められる（図表7-15）。

　さらに、購買センターの中で、総務部、ICT部、人事部といった部門はコスト・センターであるため、大きな権限はなく、予算の枠内での決定が優先される傾向が強いということも認識しておく必要がある。

特に問題がなければ、従来のサプライヤーで今年も行きましょうという、いわゆる反復的問題解決の意思決定パターンが継承されがちである。

本当に画期的な提言をする場合は、企画部、経営企画室、社長室、営業本部、営業企画部、事業本部等の、戦略を自ら立案して遂行し、業績責任を負う部門に優先的にアプローチをかけるべきである。

購買プロセスも複雑で時間を要する場合が多い。こうした特徴を踏まえて、B2B市場における企画提案に関するポイントを以下に整理する。

- 提供物に関しては、あまり絶対的な優位性を意識しないこと。買い手企業の戦略的に重要な属性で他社よりも少しでも相対的に優位であれば、知覚差異としてアピールする
- 商談やプレゼンの段階や対象者ごとに企画・提案内容を変えることも考える
- 経営課題を解決する方法として複数のオプションを提示する（第一の推奨案が採用されなくても、他の案で練り直してほしいという買い手企業からのカウンター・オファーにつながる可能性がある）
- キーパーソンを事前にゲートキーパーから聞き出して確認しておく
- 提供物として、自社製の製品か他社製かにはこだわらない。ソリューションを形にする製品やサービスの組み合わせが提供物であることを忘れてはならない

意思決定プロセスの段階での主要な営業活動は以下のとおりである。
- 対象企業の当該事業に関する4C分析
- 戦略方向の整理
- インタビュー・シート作成
- キーパーソンへの訪問
- 購買センターのメンバーに対するインタビュー調査

・企業カルテ作成

・企業戦略・事業戦略の把握

・課題の抽出と整理

・課題のキーパーソンとの共有

・課題解決に向けた基本方向設定

・企画書作成のためのデータ収集

・課題解決に向けた提供物の設定と確認

・課題解決のための企画書・見積書作成

・プレゼンテーション

・受注に向けたフォロー

・競合の提供物との比較と条件調整

・申込書の回収、契約書締結など

◉──レビュー・プロセスではフォロー調査が重要

　最後のレビュー・プロセスに関しては、まずは取引の御礼を忘れずに行うと同時に、どの程度の顧客満足を実現できたかを把握するためのフォロー調査を必ず行うことが重要である。万が一クレーム等がある場合は、最優先で改善対応しておくことが必要であることは言うまでもない。

　顧客満足度調査と同時にロイヤルティも調査しておくことをお勧めしたい。ロイヤルティの高い顧客は、競合他社からのオファーに過敏に反応したりせず、戦略パートナーとして一緒に新しいことにチャレンジすることに前向きである。

　ロイヤルティの高い顧客は、企業の最大の資産ともいえる。顧客満足度調査およびロイヤルティ調査の構造は基本的に同じである。目的変数としてのトータルの部分を、総合満足度（5：きわめて満足している～1：きわめて不満）にするか、ロイヤルティ（5：次も必ず取引をする～1：次は絶対取引をしない）にするかの違いである。最終的には個々の顧客からの回答を統計的に処理して、提供物の改善に役立てたい（図表7-16）。

図表7-16 顧客満足度／ロイヤルティ調査（充足度・重要度調査）のイメージ

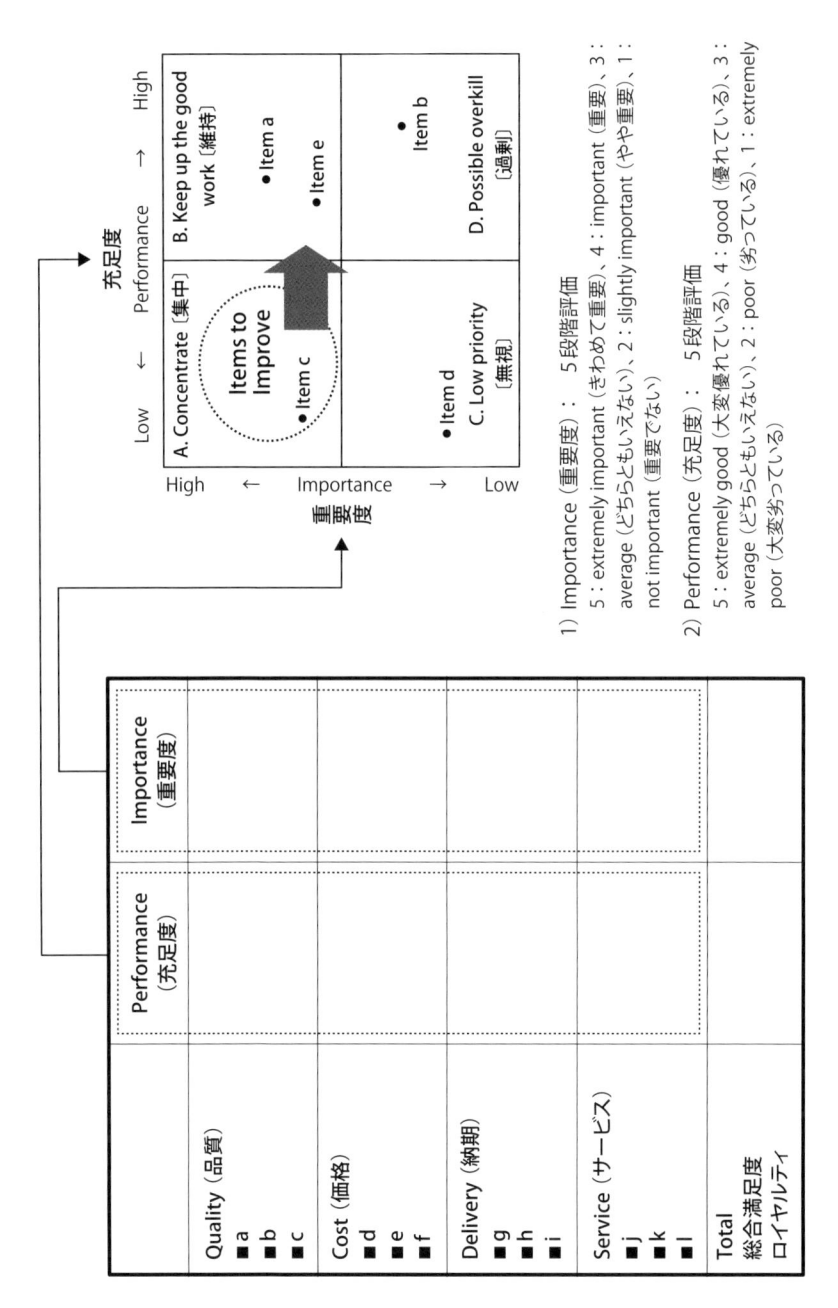

図表7-17　**機能横断的な連携**

システムとしてのマーケティング

	R&D	製造	物流	技術サービス
営業部門に求めるサポート	• 市場／競合データ • 顧客ニーズ情報	• 売上予測	• 売上予測 • ロジスティクスに関するニーズ	• 顧客ごとの目標と計画 • コミットメント
戦略への貢献	• 新製品技術 • 競合フォロー	• 生産量、品質 • 供給スピード	• 正確な納期 • トレーサビリティ	• トレーニング • トラブル解決

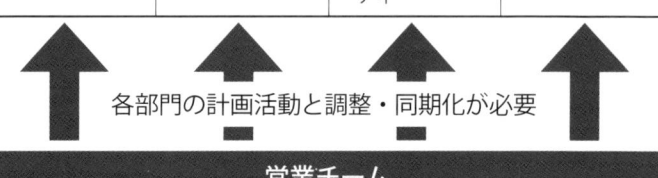

各部門の計画活動と調整・同期化が必要

営業チーム

　一連の営業活動によって、売り手企業と買い手企業の関係がどのように変化したかをしっかり把握して、さらなる関係の深化に努めたい。顧客との関係は、徐々に深化するというものではなく、何らかのトラブルによって、関係開始時点のニュートラルなレベルから飛び越えて、ネガティブな状態になることすら考えられる。常に緊張感を持ちながら顧客との関係を発展させていくこと、これが営業担当の使命である。

　また、こうした顧客関係をシステム的に管理する方法として、SFA（セールス・フォース・オートメーション）が注目されている。SFAは、現場の営業活動の生産性を上げるためのデータ・ベースとしてフレキシブルで、使い勝手が良い。その一方で、管理者が営業パーソンの行動をチェックするためのツールとして使うケースも散見される。これは、筆者の体験からいえることであるが、営業パーソンのフラストレーションが高まるだけで、マイナス効果である。SFAを採用する際のスタンスをしっかりさせておきたい。

最後に受注の後の履行・納品では、社内の部門とのコラボレーションがポイントになる。営業もしくはマーケティングが中心になって研究開発（R&D）、製造、物流、技術サービス等の主要機能部門との同期化と統合化を図っていくことで、初めて顧客価値が実現できることは言うまでもない（図表7-17）。

デジタル・トランスフォーメーション
B2Bの本質は変わらない

Digital Transformation Drives
B2B Marketing Even More Effective

『戦略的産業財マーケティング』の終章として、これから大きなトレンドになると考えられるデジタル・トランスフォーメーション（DX：デジタル技術による変革）と産業財マーケティングのかかわり方について検討を加えておきたい。デジタル・トランスフォーメーションの本質、この変化に取り組むスタイルに基づく企業類型、デジタル・トランスフォーメーションのマネジメントの3点を検討することで、将来も変わらない戦略的B2Bマーケティングの本質を確認する。

1 デジタル・トランスフォーメーションの本質

デジタル・トランスフォーメーションの特徴としては、言うまでもなく、IoT（モノのインターネット）、ビッグデータ、AI（人工知能）、VR（仮想現実）、SML（ソーシャル・メディア・リスニング）、ロボティクス（ロボット工学）などのデジタル技術の活用が挙げられる。それによって企業と人、企業と企業、人と人との間の相互作用が変化する。

例えば、企業は、ソーシャル・ネットワーキング・サービスというテクノロジーをうまく使うことによって、顧客コミュニティというネットワークにおける自社のポジションを形成し、維持し、強化していくためのリンク形成に役立てることができる[1]。同時に、1人のユーザーの不満やクレームに関する写真や動画がきっかけで、それが市場に拡散して、企業が展開してきた莫大な広告キャンペーンが一瞬にして水泡に帰すということも起こり得る。

デジタル・トランスフォーメーションの破壊性に関しては、売り手と買い手の間の情報の非対称性の解消が挙げられる。製品やサービスに関する売り手、買い手間の情報の格差を瞬時に縮小し、同じ情報を多くの人が利用する

---

1) ネットワークとは、複数の結節点（ノード）とそれらの関係（リンク）の集合体と考えることができる。自社や顧客などは結節点であり、自社と顧客の関係を表す線はリンクと呼ばれる。

ことができるようになる。パフォーマンスのよくない企業にとっては、厳しいことになるが、機能別組織間やプロセス間で同じ顧客情報を共有することができることにより、顧客のニーズを共有することが容易になるという別の側面もある。

In the digital world, underperforming brands have no place to hide.[2]

（デジタルの世界では、パフォーマンスの良くないブランドに、隠れる場所がない）

という指摘は的を射ていると考える。情報の非対称性の解消が、大きな変革につながるのである。

デジタル・トランスフォーメーションで大きな変化が予想される業界をいくつか挙げてみた。カッコ内はデジタル技術を梃に変革を推進する企業例である。

調査業界（グーグル）

古着、古本（メルカリ）

タクシー業界（ウーバー）

ホテル、旅館業界（Airbnb)

小売・物流業界（アマゾン）

B2Bの典型である自動車部品業界も、テスラをはじめとするEVメーカーから大きく影響を受け始めている。エンジンやそれに付随する燃料タンクやマフラーが不要になるだけではなく、ハーネスなどについても、EVシフトの流れの中で進展する無線化によって大幅に必要量が減ってくると想定される。

また、アマゾン、グーグル、マイクロソフトなどが、自動運転の基盤をトヨタやフォルクスワーゲンなどのOEMに対して提供することになり、自動車が"動く端末"と位置付けられることにもなる。当然自動車部品の電子化、デ

---

2) David DuboisのシンガポールINSEADにおける講演記録より抜粋（2018年3月20日）。

ジタル化が進む。

　エンジンを中核とした自動車業界は、OEMを頂点にして、OEMのコンセプトをTier1、Tier2が支えるというピラミッド構造であったが、グーグル等のICT企業（OEMをリードするということでTierマイナス1.0と呼ばれることもある）、ブランド力のあるOEM、システム設計力の強いサプライヤー中心の業界になっていくことも十分想定される。自動車部品業界は規模的には縮小傾向で、構造的にも大きく変革を迫られることになる。

2 | デジタル・トランスフォーメーションと企業類型

　デジタル・トランスフォーメーションについては、各企業の取り組みを2つの観点から分類することができる（図表8-1）。

　一つの観点が、IoT、ビッグデータ、VR、SML、ロボティクスなどのデジタル技術がどの程度活用されているかということであり、DX技術活用レベルとして縦軸に設定した。

　横軸には、戦略的マーケティング浸透度を採用した。具体的には、ミッション、4C分析、事業領域（製品・市場マトリックス/PMM）、STP＋4Ps、機能戦略（バリュー・チェーン）などの本書で検討してきた基盤的要素がどの程度、経営の現場に浸透しているかを評価する軸である。

　第一象限は、戦略的マーケティングが経営の現場に十分浸透しており、かつ、DX技術を活用して経営を革新している企業群（DX革新経営）である。この象限に含まれる企業の業績が、他の象限の企業の業績と比べて優れていることは言うまでもない。戦略的な要素を十分検討しないまま、やみくもにデジタル技術を経営に取り込む第二象限の企業（技術かぶれ）のパフォーマンスが、経営の基盤はしっかりしているものの、デジタル技術はまだ未採用という企業群（いぶし銀経営）のパフォーマンスを下回る可能性があるという点を指摘しておきたい。これは、筆者および一緒に仕事をしているリサー

図表8-1　デジタル・トランスフォーメーションと企業類型

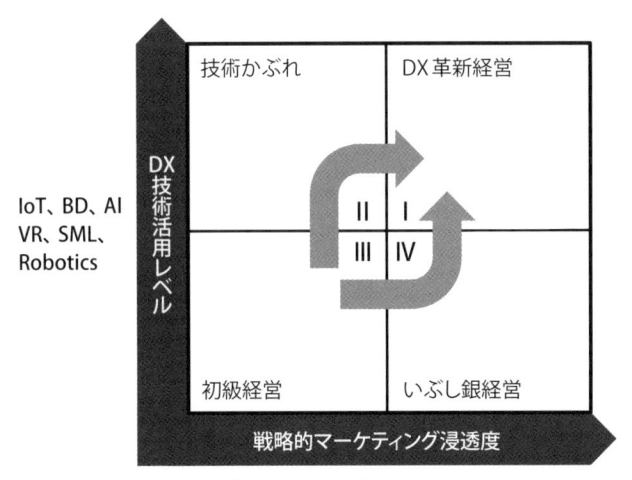

チャーの実感である。

　SNSを対象にソーシャル・リスニングを実施するためのソフトウエアを導入して、いろいろ試みる。しかし、キーワードで検索しても十分なツイート数が得られないとか、コメントはたくさん収集できるけれど検証したい仮説とはまったく関係ない、いわゆるゴミのような内容ばかりであるとか、そもそもAIでの判別や解析が適切でなく調査がうまく進まないということは珍しいことではない。

　情報収集というテーマに限定しても、一対一のインデプス・インタビュー、対象セグメントごとのフォーカス・グループ・インタビュー、現場観察調査等の伝統的な調査方法をどう組み合わせていくかということを十分に検討せず、やみくもにソーシャル・リスニングだけを実施してみても、役に立たない情報の処理のための時間とお金が無駄に消費されるだけである。

3 | デジタル・トランスフォーメーションのマネジメント

　マーケティングにおけるデジタル・トランスフォーメーションの目指すところは、新たな顧客価値創造である。そのためのプロセスをナレッジ・マネジメント[3]のフレームワークを援用して解説する。

　人間が経験や勘に基づいて身につけるナレッジ（知）が「暗黙知」であり、これを文章や図表、数式などによって説明・表現できる知識、いわゆる「形式知」へと転換し、組織的に共有することができれば、さらに高度な知を生み出すことが可能になり、組織全体を進化させることができる。これがナレッジ・マネジメントの基本的な考え方である。

　Socialization（共同化）⇒Externalization（表出化）⇒Combination（組み合わせ）⇒Internalization（具現化）の4つのステップから構成されるプロセスで、頭文字をとってSECIモデルと呼ばれている。

　共同化は、顧客のニーズに気づくことで顧客の暗黙知を企業が暗黙知として感じ取るフェーズである。

　表出化とは、顧客のニーズを概念化（コンセプト化）して、社内で共有することであり、暗黙知から形式知への変換フェーズである。

　組み合わせとは、顧客のニーズを充足するための社内外での経営資源の組み合わせであり、形式知から形式知への変換である。

　最後の具現化は、顧客に対するソリューションとしての製品を提供するフェーズである。このプロセスでは、価値創出のための仮説検証や実験などを行う。顧客も巻き込んで顧客価値を検証する過程であり、身体知化（内面化）するフェーズとも考えられる。形式知から暗黙知への変換が行われる。

　デジタル・トランスフォーメーションの実践に関するポイントを述べる

3）野中郁次郎・竹内弘高（1996）『知識創造企業』東洋経済新報社。

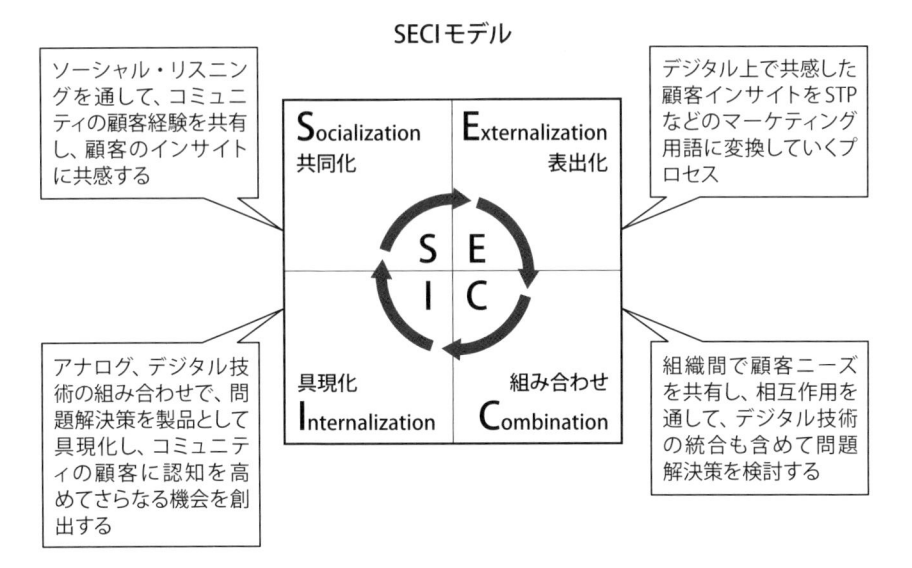

SECIモデル

ソーシャル・リスニングを通して、コミュニティの顧客経験を共有し、顧客のインサイトに共感する

デジタル上で共感した顧客インサイトをSTPなどのマーケティング用語に変換していくプロセス

Socialization
共同化

Externalization
表出化

具現化
Internalization

組み合わせ
Combination

アナログ、デジタル技術の組み合わせで、問題解決策を製品として具現化し、コミュニティの顧客に認知を高めてさらなる機会を創出する

組織間で顧客ニーズを共有し、相互作用を通して、デジタル技術の統合も含めて問題解決策を検討する

（出所）野中郁次郎・竹内弘高（1996）『知識創造企業』（東洋経済新報社）を基に加工修正。

（図表8-2）。まず共同化のフェーズでは、ソーシャル・リスニングを通して、コミュニティの顧客経験を共有し、顧客のインサイトに深く共感する。部品メーカーであれば、通常は完成品メーカーとしてのOEMに対して、図面で指示された製品を提供することで取引は完結する。しかし完成品メーカーの製品を実際に使うエンド・ユーザーのニーズをソーシャル・リスニングで感じ取ることができるならば、OEMに対して画期的な提案ができるかもしれない。部品単体ではなく、システム丸ごと新たな提案をすることも有益であろう。

　ノキアは、SNS（YouTube、Twitter）で調査を行った結果、スノー・ボーダーが、自分のパフォーマンスを記録し、仲間やプロのそれと比較したいという強いニーズをもっていて、それが十分満たされていないことに気が付いた。

　そこで、スノボに取り付けができるセンサーのみならず、スピード、空中

での滞空時間（エアタイム）、ジャンプをすべてスマホのアプリに伝達するシステムを開発して、スノボ愛好家に使ってもらうよう働きかけた。

　ジャンプの状況をスマートフォンですぐチェックできるだけでなく、YouTubeにアップすることで、仲間やプロのボーダーと自分のパフォーマンスを比較することが可能になり、リンクトイン、ツイッター、フェイスブックでもアクセス数の増加が確認できた。

　Burtonは、スノー・ボードのメーカーであるが、ノキアは、Burtonに代わって（実際はBurtonと協働で）、エンド・ユーザーであるボーダーのエクスペリエンス（経験）改善というテーマに、スノー・ボーダーになりきって取り組んだのである。

　デジタルだからといって、デジタル技術にのみ依存していたわけではない。むしろスマートフォン市場を用途変数で細分化して、スポーツ市場の中でもスノー・ボーダーというセグメントにフォーカスして、ユーザーであるボーダーを中心に据えて、顧客のエクスペリエンスの改善に取り組むという点で、従来の製品開発とまったく変わらないオーソドックスなアプローチをとっている。ソリューション開発の手段として、スノー・ボーダーのコミュニティにデジタル技術を使ってアプローチしたという点が新しい。

　表出化のフェーズでは、顧客の暗黙知レベルでの困りごとを社内で共有するための共通言語が必要である。ミッション／ビジョンの共有、4C分析、事業領域（製品・市場マトリックス／PMM）の設定、STP＋4Psの設計等の戦略的マーケティングの体系的理解がポイントである。開発、生産、販売などの主要部門間で、スタッフ同士が上記のような重要なキーワードを共有しており、形式知レベルで議論ができなくてはならない。

　次の組み合わせのフェーズでは、航空機用エンジン・メーカーの事例が参考になろう。航空機エンジンの製造・販売業からスタートして、センサー、ビッグデータ、AIを使って、エンジンのみならず、機体全体を予防的にメン

テナンスしたり、航空機の稼働状況を把握できたりすることで、航空機の運航オペレーションそのものをサービスとして提供するような事業まで手がけるようになった。

　また、すべてのエンジンにセンサーが付けられていれば、地球上のあらゆるところの気象情報が飛行中の航空機を通して把握されることになる。それらのデータを統合して、最も燃料消費が少なく、かつ安全という観点から最適な運航方法をアドバイスすることもできる。

　従来は、エアバスやボーイングに対するエンジン・サプライヤーというポジションであったが、ロールス・ロイスなどは、航空会社に対するエンジンシステムの提供から、機体全体の予防的メンテナンス、最適航路の提言も含めて、トータルで運航をサポートする会社という立場で価値を創出している。

　最後の具現化では、各種技術の組み合わせで、顧客の問題解決策を立案し、製品として完成させて、顧客企業に導入してもらうことで確実に成果を出していく。それを基に顧客のコミュニティにおける認知を高めてさらなる機会を創出することになる。

　Duboisは、コミュニティに対する認知、理解を上げていくためのコンテンツに関しては、virality（伝染性）とeffectiveness（有効性）が重要であると指摘する[4]。伝染力を上げるためには、ユーモア、ショック、悲しみ等を強くアピールすることが考えられる。しかし、それだけ多く取り上げられたとしても、そのメッセージの内容が、自社のブランドとまったくことなる文脈だったりしたら逆効果である。コンテンツとしては、ブランドを強化するものでなければならないことは自明のことである。

　デジタル・トランスフォーメーションのポイントは、言うまでもなくデジタル技術の活用にあるが、デジタルによる変革を実践する場合でも、従来から

---

4) David Dubois, "Content Marketing is About Trust, Not Just Reach" *INSEAD Knowledge.*

B2Bマーケティングにおいて指摘されていたことは不変だということを確認しておきたい。例えば、顧客中心主義の重要性であり、セグメンテーションの有効性であり、ユニークな顧客価値創出の必然性である。

　繰り返しになるが、In the digital world, underperforming brands have no place to hide.（パフォーマンスのよくないブランドに、隠れる場所がないデジタル世界）であるからこそ、本書で解説した戦略的産業財マーケティングにおける7つのステップの実践が意味を持つのである。

あとがき

　2015年7月、雨季の真っただ中にあるインドのニューデリーで本書の執筆を始めた。空港からホテルに向かうタクシーにも、物乞いの子どもたちがたくさん群がってくる。町中でも、野良犬があちこちに出没する（基本的には大人しいが）。頻繁に電力供給が途絶え、その都度自家発電に切り替わる。時代の先を行く分散電源かもしれないが、製造業の拠点として、まだまだエネルギーに関してはぜい弱である。雨が降れば道路で洗濯を始めるような究極のエコ生活を送っている人も少なくない。

　そんな中で、13億人を超える人口のさらなる増加、インフラ改善に対する強い社会的ニーズがある。間違いなくB2B市場としてもこれからさらに発展するであろう。B2Bの売り手企業が、最先端の技術を活用しながら、社会インフラストラクチャーのイノベーションに取り組んでいる。

　本テーマに関する研究の一環として、インドをはじめ、インドネシア、マレーシア、ベトナム、フィリピン、シンガポールなどの地域の企業の皆さんに、営業活動という視点からヒアリングさせていただいた。業種は、建設機械、輸送システム、二輪や四輪のコンポーネンツ、海洋海底電線、エンジニアリング、医療器械、交通渋滞緩和のためのシミュレーションシステム、中低層のビルに導入されるエレベーターなどB2B市場といってもさまざまである。業務で多忙をきわめているにもかかわらず、取材依頼に対して快くご協力をいただいた。この場をお借りして心から御礼を申し上げたい。

　業種はさまざまであるが、個別の顧客企業（現時点では実績はないものの、顧客になりそうなプロスペクトも含めて）との関係から始まり、事業として大きく発展させていく活動は、B2B市場である限り、日本であっても、アジ

アであっても、欧米であっても基本的にはそう変わらない。これからグローバル展開を志向する日本企業においても、世界共通のB2B市場におけるマーケティングを研究する意義はとても大きいと考える。

　筆者の業務としては、研究、コンサルティング、幹部研修の3つをポートフォリオ的に展開している。特に近年多いのが、幹部研修とコンサルティングを統合したような、グローバル市場で業務を展開している企業向けのアクション・ベースド・ラーニングと呼ばれるものである。プロジェクト・メンバーの幹部の方々に、研修的な要素を盛り込んで、国や地域を超えて、共通の経営リテラシーを構築していただく。そのうえで、市場調査、競合調査などを実施しながら、地域ごとの企業戦略や事業戦略を立案していただき、それを経営層に発表し、さらにブラッシュ・アップしていくというスタイルである。

　本書で提示しているモデルやフレームワークは、このような活動の一環としてもお役に立つことができればという思いで設計した。本書が、いろいろな市場で活躍されているB2B企業のマーケッターの方々に何らかの参考になれば、筆者の喜びはこれに勝るものはない。

　言うまでもないことであるが、最高の製品を開発するだけで売上が確約されるわけではない。ICT、ビッグデータ、AIがあったとしても、企業や自治体の問題解決を実現できない。営業のレベルでは顧客の視点で戦略を語り、顧客とソリューションを共創していくことが必要不可欠の時代である。

　提供物を開発したら、それがいかに問題解決に寄与するのか、費用効果も含めて購買決定に影響力を持つ人物に効果的に伝えなくてはならない。さらに、広告やカタログ、ソーシャルネットワーク、展示会といった対面以外のコミュニケーションを推進する過程で、当該事業部の基本的なビジョンや戦略目標を顧客や社内メンバーで共有しながら、各種メディアとメッセージを適切に組み合わせて統合型マーケティング・キャンペーンを展開することも

必要不可欠である。こうしたプラットフォームがあって、初めてソリューション営業がより効果的に展開される。

ソリューション開発と営業活動、それにコミュニケーションを統合的に展開することによって皆さんの企業がグローバル市場においてもさらなる飛躍を遂げられることを願ってやまない。

最後に、複雑でチャレンジングでありながらも、大きな可能性を持っていて、途方もなく魅力的な産業財マーケティングの分野に導いてくれた国内外の数多くのクライアントの皆様に心から感謝したい。

理論研究の分野では、柏木重秋先生、嶋口充輝先生、Michael Hutt 先生、Joerg Niessing 先生、Sanjay Khosla 先生をはじめ、たくさんの専門家の皆様からご指導とご助言をいただいている。また、年度末の忙しい時にもかかわらず、David Dubois 氏および中島成晃氏からは、デジタル技術やコミュニケーションに関して有益なコメントをいただいた。この場をお借りして御礼申し上げる。

また、本書の企画から完成まで、適切なアドバイスと方向づけで導いてくださった、東洋経済新報社の黒坂浩一、藤安美奈子の両氏に心から感謝申し上げたい。黒坂さん、藤安さんとの企画に関する議論でいろいろ触発されたことが多かった。改めて御礼申し上げたい。

2018年3月

東京・目黒区東山のオフィスにて

笠原英一

【著者紹介】
笠原英一（かさはら　えいいち）
立教大学大学院ビジネスデザイン研究科客員教授
アジア太平洋マーケティング研究所所長
1958 年生まれ。博士（Ph.D.）。早稲田大学大学院後期博士課程修了、アリゾナ州立大学・サンダーバード国際経営大学院修了、ノースウェスタン大学・ケロッグ経営大学院（Executive Scholar）修了。
専門は、産業財マーケティング、戦略的マーケティング、消費者行動論、グローバル・マーケティング、ベンチャー・マネジメントなど。日米の機関投資家にファンド・マネジャーとして勤務。1989 年富士総合研究所（現みずほ総合研究所）マーケティング戦略・笠原クラスターにてコンサルティングを実施。現在は大学院における研究・教育活動と並行し、東京とシンガポールを拠点に国内外の産業財企業に対して、戦略からマーケティング、研究開発等を統合した機能横断的なコンサルティングを行っている。著書に Practical Strategic Management : How to Apply Strategic Thinking in Business, World Scientific (2015)、『グローバル戦略市場経営――グローバル展開とマーケティング・マネジメントの統合』白桃書房（訳・解説、2017 年）他論文多数。

戦略的産業財マーケティング
B2B 営業成功の 7 つのステップ

2018 年 5 月 31 日　第 1 刷発行
2025 年 5 月 5 日　第 5 刷発行

著　者――笠原英一
発行者――山田徹也
発行所――東洋経済新報社
　　　　　〒 103-8345　東京都中央区日本橋本石町 1-2-1
　　　　　電話＝東洋経済コールセンター　03(6386)1040
　　　　　https://toyokeizai.net/
カバーデザイン…………竹内雄二
本文デザイン・DTP……アイランドコレクション
印刷・製本……………丸井工文社
編集担当………………藤安美奈子
©2018 Kasahara Eiichi　　　Printed in Japan　　　ISBN 978-4-492-53401-4